충무공 이순신

충무공 이순신

ⓒ 부희령, 2004

초판 1쇄 발행일 | 2004년 10월 22일
초판 3쇄 발행일 | 2007년 9월 14일

지은이 | 부희령
펴낸이 | 김현주
펴낸곳 | 이룸

출판등록 | 1997년 10월 30일 제10－1502호
주소 | 121－840 서울시 마포구 서교동 395－172 상록빌딩 2층
전화 | 편집부 (02)324－2347, 영업부 (02)2648－7224
팩스 | 편집부 (02)324－2348, 영업부 (02)2654－7696
e－mail | erum9@hanmail.net
Home page | http://www.erumbooks.com

ISBN 89－5707－118－0 (44990)
        89－5707－093－1 (set)

값 7,500원

청소년
평전 10

충무공 이순신

부희령 지음

이룸

차 례

1. 무인의 길을 택하다

전쟁놀이를 즐기는 아이

"먼저 적을 어떻게 공격할 것인지 작전을 세우자."

둥그렇게 모여 앉은 아이들의 가운데에 순신이 있었다. 순신은 땅바닥에 그림을 그려 가며 윗동네 아이들을 물리칠 계획을 동무들에게 설명해 주었다.

"수비를 맡은 병사들은 나무 뒤에, 그리고 공격하는 병사들은 개울을 등지고 진을 치자. 적이 뒤에서 쳐들어올 수 없으니까 안심이지만, 우리도 물러설 길이 없어. 그러니까 모두들 있는 힘을 다해 싸워야 해."

순신은 며칠 전 책에서 읽었던 '배수진'이라는 말을 떠올렸다. 중국 한나라의 한신(韓信)이라는 장수가 강을 등지고 진을 쳐서 물러설 길이 없도록 만들자 병사들이 죽을 각오로 싸워 조나라의 군사를 물리쳤다는 옛이야기에서 나온 말이었다. 귀 기울여 순신의 말을 듣고 있던 아이들은 싸리나무로 만든 화살을 빼어 들며 승리를 다짐하듯 고개를 끄덕였다.

1545년 4월 28일(음력 3월 8일), 이순신(李舜臣)은 서울 남산 기슭에 자리 잡은 건천동에서 가난한 선비의 셋째 아들로 태어났다. 순신이라는 이름은 위의 두 형인 희신(羲臣), 요신(堯臣)과 아울러 어진 임금으로 유명한 중국 신화 속 옛 임금들의 이름을 따서 지었다. 이순신의 동생 이름도 '순' 임금 다음의 '우' 임금의 우(禹) 자를 따서 우신(禹臣)이라고 지었다.

이순신의 아버지 이정은 벼슬을 하지 않은 평범한 선비였으나, 조상 중에는 나랏일을 맡아 했던 사람들이 많았다. 이순신의 12대조 이돈수는 고려 때 중랑장[1]을 지냈고, 증조부 이거는 조선 성종 때 세자 연산군에게 글을 가르쳤다. 그는 성종과 연산군 2대에 걸쳐 사헌부 장령[2]을 지내며 '호랑이 장령'이라는 별명으로 불릴 만큼 강직하고 성실한 사람이었다. 이순신의 할아버지 이백록은 작은 벼슬을 지냈으나, 중종 때 정암 조광조를 조정에서 몰아내려고 일어난 기묘사화에 연루되어 관직에서 쫓겨났다. 그래서 이순신의 아버지는 벼슬에 뜻을 두지 않고

일생을 소박한 선비로 지냈다.

벼슬을 하지 않는 선비의 살림살이는 가난할 수밖에 없었다. 그러나 이순신의 부모는 자식들의 교육을 소홀히 하지 않았다. 네 아들을 극진히 사랑했고, 바르고 성실하게 살도록 엄격히 가르쳤으며, 글공부에 힘쓰도록 했다. 이순신은 여느 아이들과 마찬가지로 집안에서 공부를 하기보다는 밖에 나가 동무들과 뛰어노는 것을 좋아하는 씩씩한 아이였다. 활과 칼을 가지고 전쟁놀이하는 것을 좋아했고, 늘 동무들의 대장 노릇을 했다. 어린 나이에도 동무들을 병사로 거느릴 때 엄격한 규율을 세웠고, 놀이를 시작하기 전에 동무들을 모아 놓고 공격하고 수비하는 작전 계획을 미리 짜곤 했다.

그러나 이순신의 부모는 항상 그에게 전쟁놀이보다는 글공부에 힘쓰도록 가르쳤다. 어려서부터 이순신은 두 형을 따라 글방에 다니며 소학, 대학, 논어, 맹자 등을 배웠다. 조선시대에는 유학을 나라의 학문으로 숭상했으며, 무인보다는 문인으로 출세하는 것을 더 높이 여겼다. 이순신의 부모 또한 유달리 총명한 아들이 열심히 글을 읽어 문인으로서 벼슬길에 나가 나라에 이바지하기를 바랐다. 하지만 언제부터인가 이순신의 가슴속에는 무인으로서 나라에 충성하고자 하는 생각이 자라나고 있었다. 그러한 바람은 그릇된 일을 보면 참지 못하고 용감하게 그것을 바로잡으려 하는 곧고 강한 성품에서 비롯된 것이기도 했다.

이순신과 같이 남산골에서 자란 사람으로 서애 유성룡이 있다. 유성룡은 나중에 재상의 자리까지 올랐으며, 임진왜란이 끝난 후에는 후세의 사람들에게 교훈을 주기 위해 《징비록》이라는 책을 쓰기도 했다. 이순신과 유성룡의 첫 만남에 대해 전해 내려오는 이야기가 있다.

스무 살 무렵의 유성룡이 안동에서 서울에 있는 집으로 돌아오는 길에 동작 나루에서 나룻배를 타게 되었다. 열댓 명 정도의 사람들이 배에 올라타자 사공이 용산 방향으로 노를 저어 가기 시작했다. 배가 이제 막 속력을 내려 하는데 떠나온 나루터에서 사나운 목소리가 들려왔다.

"야, 이놈들아, 배 돌려, 배 돌리란 말야!"

그러자 뱃사공의 얼굴이 하얗게 질리고, 배에 타고 있던 사람들이 낭패를 당했다는 표정을 지었다. 나루터에서 소리를 지르는 사람이 권세가 등등한 재상집 종이면서, 그 근처에서 행패를 자주 부리는 것으로 소문난 이였기 때문이다. 그는 성질이 사납고 힘도 세서 동네 사람들을 괴롭히는 일이 많았다. 그러나 주인의 세도를 등에 업고 있었기에 아무도 나서서 그의 행동을 막지 못했다.

뱃사공은 서둘러 떠나온 나루로 되돌아갔다. 이미 술에 얼근하게 취한 재상집 종은 배에 오르자 누구 괴롭힐 사람은 없는지 주위를 둘러보았다. 마침 친정에 나들이 왔다가 시댁으로 돌아가는 새색시의 가마가 배에 실려 있었다. 그는 만면에 웃음을 띠며 가마 쪽으로 다가가 가마 문을 확 열어젖혔다. 가마 안에 앉아 있던 새색시가 혼비백산하여 소리를 지르는데도, 그는 문을 닫을 기미도 보이지 않은 채 새색시에게 농을 걸며 희롱했다. 보다 못한 늙은 가마꾼이 재상집 종을 꾸짖었다. 그러자 그는 자기보다 나이가 훨씬 많은 가마꾼의 멱살을 잡고 주먹질을 하기 시작했다. 배에 타고 있던 다른 사람들은 말릴 생각도 못하고, 혹시 자신에게 행패가 돌아올까 싶어 고개를 돌리고 숨을 죽인 채 앉아 있을 뿐이었다.

바로 그때 아직 소년티를 벗지 못했으나 몸집은 건장한 젊은이 하나가 몸을 날려 재상집 종을 세차게 걷어찼다. 행패를 부리던 재상집 종은 비명을 지르며 나동그라졌다. 젊은이는 다시 그를 들어 올려 강물에 던져 버렸다. 순식간의 일이었다. 그때까지 재상집 종의 행패를 외면하고 앉아 있던 사람들이 모두 안도의 한숨을 쉬며 젊은이의 행동을 칭찬했다.

배가 나루터에 닿자 제일 먼저 배에서 내린 유성룡은 종을 혼내 준 젊은이를 기다렸다. 젊은이가 배에서 내려 길을 재촉하려 하는데, 유성룡이 다가가 인사를 청했다.

"저는 남산 북쪽 기슭의 묵사동에 사는 유성룡입니다."

그리고 나서 젊은이의 용기 있는 행동에 깊은 인상을 받았다고 말했다. 그러자 젊은이도 고개를 숙여 인사를 했다.

"저는 남산 기슭 건천동에 사는 이순신이라고 합니다. 외가인 아산

뱀골에 다녀오는 길이지요."

유성룡은 그 의로운 젊은이가 바로 이웃 마을에 산다는 것을 알고 반가웠다. 이후로 두 사람은 서로의 집을 오가며 학문과 나랏일에 대해 의견을 나누는 가까운 사이가 되었다. 오랜 시간 친분을 유지하면서 유성룡은 이순신이 학문과 무예를 겸비한 재목이라는 사실을 알게 되었다. 나라가 위기에 처하게 되자 변방의 무관에 지나지 않았던 이순신을 유성룡이 전라 좌수사로 적극 추천했던 것은 그런 이유에서였다. 또한 이순신이 모함을 받아 사형을 당할 위기에 처했을 때, 유성룡은 임금 앞에 나아가 그를 변호하기도 했다.

이순신이 나고 자라날 무렵의 조선은 나라 안팎으로 변화와 혼란이 심한 때였다. 포르투갈과 스페인 함선들이 신대륙을 발견한 후 서양의 여러 나라들은 동양으로 눈을 돌려 식민지와 무역 상대국을 확보하려 애쓰고 있었다. 영국과 프랑스를 비롯한 여러 나라들이 인도, 중국, 필리핀에서 일본에 이르기까지 군사력과 문명을 앞세워 아시아로 세력을 뻗어 오고 있었다. 이때 일본은 여러 지역의 봉건 영주들이 세력 다툼을 벌이는 전국시대를 겪고 있었으며, 전성기를 지난 중국의 명나라는 왜구의 침략에 시달리면서 나라의 힘이 점점 기울어 가고 있었다.

한편 오랫동안 외적의 침입 없이 평화롭게 지내던 조선은 연산군 때부터 시작된 사화로 말미암아 수많은 선비가 희생되면서, 정치적인 혼란이 심해졌다. 언제 누가 희생될지 알 수 없는 불안감 때문에 벼슬아치들은 나라를 생각하기보다는 제 이익을 챙기기에 바빴으며, 백성들은 두려움에 떨었다. 잇따른 사화의 결과 조선 중기의 사회와 정치는 성리학을 중시하는 사림들이 세력을 잡게 되었다. 사림들은 서로 정치적 이념과 이익을 같이하는 사람들끼리 모여 붕당을 이루었고, 이후 조선의 정치는 붕당 중심으로 펼쳐지게 되었다.

이렇듯 혼란한 사회에서 대부분의 선비들은 학문에 힘쓰기보다는 수단과 방법을 가리지 않고 벼슬에 오르려 애쓰는 경우가 많았다. 강직한 성품의 이순신이 문인의 길을 포기하고 무인으로서 나라를 위해 일하겠다는 마음을 먹게 된 것에는, 권력에 아부하지 않고서는 관직에 오르기 힘든 사회적 분위기 탓도 있었다.

무과에 급제하다

스무 살 무렵에 이순신은 보성 군수를 지낸 방진의 무남독녀와 혼인을 했다. 그 무렵 이순신의 집안은 충남 아산 백암리(뱀골)로 내려가 살고 있었다. 이순신의 처가는 대대로 무인 집안이었으며 장인인 방진은 활을 잘 쏘는 것으로 이름난 사람이었다. 아들 없는 집의 사위로 들어간 이순신은 장인의 영향을 많이 받았다. 그래서 스물두 살이 되던 해에 마침내 무인이 될 결심을 굳히고 말 타기와 활쏘기 연습에 온 힘을 기울이기 시작했다.

옛날에는 오늘날의 사관학교와 같은 교육기관이 없었으므로, 이순신은 스스로 활쏘기와 말 타기 훈련을 했다. 그는 주로 집 앞에 있는 커다란 은행나무 아래서 활 쏘는 연습을 했다. 활을 쏠 때는 임금이 있는 서울 쪽으로는 활을 겨누지 않았으며, 말 달리는 연습은 집 뒤에 있는 방화산 꼭대기에 올라가서 했다. 산 정상 부근의 평평한 곳을 중심으로 주위의 산등성이를 달리며 맹렬한 연습을 했다.

함께 훈련하는 무사들이나 그들을 따라다니는 한량들은 한눈을 팔거나 잡담을 하는 일이 잦았지만, 이순신 앞에서는 함부로 행동하거나 감히 말을 건네지도 못했다. 그의 무예가 뛰어났을 뿐더러 행동거지가 무게가 있고 위엄이 있기 때문이었다.

이순신이 스물여덟이 되던 1573년 가을에 서울의 훈련원에서는 무사 선발 시험이 열렸다. 합격하면 정식 군인이 되는 '별과'라고 불리는 시험이었다.

시험은 넓은 마당에서 열렸다. 차례로 무사들의 이름을 부르면, 호명된 무사들이 나와 말을 달리면서 활을 쏘고 칼을 휘둘렀다. 마당 한쪽에는 무반의 당상관들이 앉아 무사들의 무예를 지켜보다가 점수를 매겼다. 이순신은 5, 6년 동안 갈고 닦은 실력을 최선을 다해 펼쳐 보이려는 각오를 하며 자신의 차례를 기다리고 있었다.

마침내 이순신이 말에 오를 차례가 되었다. 사람들의 함성을 귓전으로 흘려들으며, 이순신은 말을 달려 앞으로 나아갔다. 그는 조금도 머뭇거리지 않고 말 위에서 여러 가지 무예를 선보였다. 그런데 갑자기

돌부리에라도 걸린 듯, 말이 거꾸러지면서 이순신은 말에서 떨어지고 말았다.

"앗, 사람이 말에서 떨어졌네."

구경하던 사람들이 놀라 소리쳤다. 말에서 떨어진 이순신은 몸을 움직일 수 없었다. 왼쪽 다리가 부러진 듯 심한 아픔을 느꼈다.

"저것 봐라! 움직이지 않는데."

"저걸 어째! 죽었나 봐."

구경하던 사람들이 수군거리기 시작했다. 땅바닥에 나뒹굴어져 있는 이순신에게 사람들이 막 달려가려는 순간, 그가 천천히 몸을 일으켰다. 그리고 한쪽 다리를 절뚝거리며 걷기 시작했다. 사람들은 "와아!" 하고 놀라서 소리를 질렀다.

이순신은 한쪽 다리를 끌면서 저만치 떨어진 곳에 서 있는 버드나무 밑으로 갔다. 그리고 나뭇가지의 껍질을 벗겨 다친 다리를 싸맨 다음, 다시 말에 올라 최종 목적지에 다다랐다. 이순신의 침착하고 의연한 태도에 구경하던 사람들이 놀라고 감탄했다. 그러나 말에서 떨어진 탓에 이순신은 별과 시험에 낙방하고 말았다.

4년의 시간이 흘렀다. 서른둘의 나이가 된 이순신은 이미 슬하에 두 아들을 둔 어엿한 가장이었다. 이해 2월에 이순신은 식년 무과에 응시했다. 지난번에 치렀던 별과 시험과는 달리, 이 시험은 4년마다 한 번씩 열리는 국가의 정식 과거 시험이었다. 무과에서는 무예뿐만 아니

라, 전략을 짜고 병사들을 지휘하는 방법을 설명해 놓은 병서를 얼마나 읽었는지를 시험했다. 시험관은 이순신에게 중국의 유명한 전략 교본인 《무경칠서(武經七書)》를 읽도록 했다. 그러다가 '황석공'이라는 구절에 이르자 이순신에게 질문을 던졌다.

"장량이 적송자를 따라다니며 신선놀음을 했다고 하는데, 그렇다면 장량은 죽지 않았을까?"

장량은 중국 한나라의 고조가 천하를 평정하도록 도운 사람으로서, 나이가 들고 벼슬이 높아지자 적송자라는 신선을 따라 산속으로 들어갔다는 전설이 있는 사람이다. 이순신은 시험관의 질문에 오히려 다음과 같이 반문했다.

"사람이 세상에 태어나면 반드시 죽는 법입니다. 《강목》이라는 책에 보면, 임자 6년에 유후 장량이 죽었다고 했는데 어떻게 신선을 따라다니다 죽지 않았을 리가 있겠습니까? 잘못 전해진 이야기일 것입니다."

이순신이 인용한 《강목》은 중국의 유명한 역사책인 《자치통감》을 송나라의 주희가 연대순으로 다시 엮은 것으로, 보통 사람들은 다 읽을 수 없을 정도로 방대한 내용을 가진 책이다. 이순신의 대답에 시험관들은 서로를 돌아보며, "이 사람은 보통 무사들은 알지 못하는 내용을 다 알고 있구나!" 하면서 그의 학식이 넓고 깊음을 감탄했다.

서른둘의 나이로 남들보다 느지막이 무과에 급제한 이순신은 그 사실을 조상들에게 알리고자 성묘를 갔다. 그런데 무덤 앞에 세워 둔 망주석이 넘어져 있었다. 같이 간 하인들이 그것을 일으켜 세우려 했으나 너무 무거워서 여럿이 달려들어도 꼼짝도 하지 않았다.

"저리 비켜라."

하인들을 물리친 이순신은 웃옷을 벗지도 않은 채 망주석을 등으로 밀어서 일으켜 세웠다. 지켜보던 사람들은 그의 힘과 지혜에 혀를 내두를 뿐이었다.

사화와 붕당정치

태조가 조선을 세운 이후부터 성종 때에 이르기까지 조선 사회를 이끌어 나간 세력은 훈구파 사람들이었다. 훈구파는 조선이라는 나라를 새로 일으키는 데 공을 세운 신진사대부 계층으로 중앙에 모여 살던 귀족들을 말한다. 이들이 오랜 세월 동안 권력을 잡아 힘이 지나치게 커지면서 부정부패가 심해졌고, 왕권이 흔들리기 시작했다. 훈구파에게 위협받는 왕권을 강화하기 위해 성종은 많은 제도를 개혁했다. 특히 과거제도를 실시해서 지방에 살면서 성리학을 연구하던 사림들을 중앙의 관직으로 불러들였다. 중앙의 관직에 진출한 사림파는 훈구파에 의해 기강이 무너진 정치와 사회제도의 개혁을 거세게 요구했다.

연산군 때부터 명종 때까지 일어난 무오, 갑자, 기묘, 을묘 사화는 유학의 기본 이념을 앞세운 사림들의 정치적 공세에 밀리던 훈구파들이 역모의 누명을 씌워 사림파들을 탄압했던 사건들이었다. 사화로 인해 무고한 선비들이 권력 다툼에 휘말려 목숨을 잃었고, 권력을 잡은 사람들은 언제 다시 힘을 잃을지 알 수 없었기에 제 이익만을 챙기는 데 바빴다. 따라서 사회의 혼란이 매우 심해지면서 기강이 흔들리기 시작했다.

사화는 몇몇 사람의 음모로 일어났다고 하기보다는 이익과 뜻을 서로 달리하는 훈구파와 사림파가 사회·정치적 주도권을 잡으려 다투는 과정에서 일어났다고 볼 수 있다. 다툼에서 패한 사람들은 지위뿐 아니라 목숨까지도 잃었으며, 승리한 사람들 또한 보복을 위해 일어난 다른 사화로 목숨을 잃는 일이 반복되었다.

이런 과정이 되풀이되다가 선조 때에 이르러 사림들은 훈구파를 완전히 몰아내고 정치의 주도권을 잡았다. 이때 사림들은 나머지 훈구 세력을 처리하는 문제와 이조전랑[3]이라는 관직을 놓고 동인과 서인으로 갈리게 된다. 이조전랑은 정오품에 불과한 낮은 자리였지만 그곳을 거치면 큰 잘못이 없는 한 정승에 오르게 되는 중요한 벼슬이었다. 그 자리를 놓고 김효원과 심의겸이 서로 등을 돌렸다. 이황과 조식의 제자들인 신진 사류들은 김효원을 따랐고, 이이와 성혼의 제자들인 구 사류들은 심의겸을 따랐다. 김효원의 집이 도성 동쪽에 있었고, 심의겸의 집이 서쪽에 있었기에 동인과 서인이라는 명칭이 생겼다.

동인과 서인의 대립은 김효원과 심의겸의 사소한 감정싸움에서 비롯된 것만은 아니었다. 오랫동안 눌려 지냈던 사림파들이 주도권을 잡게 되자, 중앙에서 벼슬을 하려는 사대부들의 숫자가 늘어난 것에 원인이 있었다. 조선의 관직은 수백 자리를 넘지 못했으므로 그들을 수용할 자리가 모자랐기 때문이다. 따라서 사림파 사이에 대립이 생기고 붕당이 생겨났다.

이후 동인은 '정여립의 모반 사건'에서 서인에 대해 강경한 태도를 취한 북인과 온건한 태도를 취한 남인으로 나뉘게 된다. 그래서 임진왜란 이전에 조선에는 이미 사색당파가 성립되었다. 본격적인 붕당정치가 시작된 것이다.

붕당정치를 당쟁(黨爭)으로 표현하기도 하고, 또 그 때문에 조선 왕조가 몰락했다는 부정적인 평가도 있다. 그러나 두 개 이상의 세력이 서로를 견제하면서 권력의 독주를 막으며 발전한다는 면에서는 오늘날의 민주주의와 닮았다고 할 수 있다.

숙종 이후 붕당정치는 변질되어 나라의 발전을 위한 사상이나 의견의 대립이 아니라, 오로지 자신들의 이해관계를 위한 대립이 되어 버렸다. 또 한 번 권력을 잡은 세력이 그것을 놓치지 않기 위해 온갖 권모술수와 편법을 동원하는 세도정치로 이어졌다.

2. 벼슬길에 오르다

성실하게 책임을 다하다

　무과 시험에 합격한 해 12월에 이순신은 동구비보의 권관으로 임명
되었다. 권관은 종구품의 무관 벼슬로 지금의 신임 소위와 같이 계급
이 가장 낮은 장교에 해당되는 직책이었다. 동구비보는 여진족의 침입
이 잦은 압록강 상류에 자리 잡은 국경 지대였으며, 죄인을 귀양 보내
던 두메산골이기도 했다. 그러므로 동구비보 권관은 국경 지대를 수비
하는 파견대의 대장이면서 동시에 그 지방의 백성을 다스리는 직책이
었다.

　실전 경험이 전혀 없는 이순신이 어느 지역보다도 경비를 철저히 해

야 하는 위험한 곳으로 발령을 받게 된 것이었다. 그러나 그는 두려워하거나 불만을 말하지 않고, 자신의 임무를 성실하게 수행했다. 병사들을 훈련시키고, 여진족의 침입에 철저하게 대비하는 한편, 좋지 않은 자연 환경 속에서 살고 있는 백성들의 생활을 위한 대책 등을 마련하여 빈틈없이 실행에 옮겼다.

이순신이 동구비보에서 권관 생활을 하고 있을 무렵, 함경도 감사로 있던 이후백은 별명이 '곤장감사'였다. 그가 여러 고을을 돌면서 국경의 방어 실태를 까다롭게 점검하고, 그곳을 지키는 장수들의 무예 실력까지 시험하는 바람에 곤장을 맞지 않은 장수가 없을 정도로 엄격했기 때문이었다.

이런 소문은 동구비보에도 전해져, 이순신도 곤장을 맞을 각오를 단단히 하고 있었다. 그러나 여러 진과 보를 거쳐 동구비보에 도착한 감사는 이곳저곳을 돌아보더니 뜻밖에도 부드럽게 칭찬만 할 뿐 화를 내지 않았다. 이유는 간단했다. 동구비보 병사들은 군기가 잘 잡혀 있고, 여진족에 대한 방어 태세도 나무랄 데 없었기 때문이었다. 또한 매사에 철저한 이순신의 업무 태도와 솔직하고 예의바른 인품에는 아무리 엄격한 감사라 해도 흠잡을 구석을 찾을 수 없었다.

감사에게 친절한 대우를 받은 이순신은 감사한 마음이 들어 이렇게 말했다.

"사또의 형벌이 너무 엄하시어 국경을 지키는 장수들이 몸 둘 바를 모르고 있습니다."

감사가 빙그레 웃으며 대답했다.

"그대 말이 옳다. 군기를 엄격히 다스리는 것은 이곳이 적과 마주하고 있는 국경이기 때문이야. 그러나 난들 어찌 옳고 그른 것을 가리지 않고 함부로 벌을 주겠는가?"

감사의 대답은 자기 임무를 충실하게 수행하고 있던 이순신을 은근히 칭찬하는 말이었다.

동구비보에서 3년 동안의 임기를 마치고 이순신은 서울에 있는 훈련원의 봉사로 발령 받았다. 훈련원은 지금의 육군 본부와 같은 일을 하는 곳으로서, 군사들의 직책과 임지를 결정하고 훈련과 교육을 맡아 하는 곳이었다. 봉사라는 직책은 종팔품으로 훈련원에서는 가장 낮은 벼슬이기도 했다. 이순신은 그곳에서 주로 인사에 관한 일을 맡아서 했는데, 아무래도 승진이나 직급에 관련된 일이라 여러 곳에서 청탁이 들어오는 경우가 종종 있었다.

어느 날 상관인 병조정랑[4] 서익이 찾아와, 자신의 친지 한 사람을 차례를 무시하고 승진시켜 달라는 부탁을 했다. 이순신은 잠깐 생각에 잠겼다가 단호한 어조로 말했다.

"아무 이유도 없이 아래에 있는 사람을 순서를 뛰어넘어 승진시키면, 그 자리에 올라갈 사람이 올라가지 못하게 되므로 이 일은 옳지 못합니다. 법은 고칠 수 없는 것이니, 대감께서 뜻을 거두어 주십시오."

이 말을 들은 서익은 노발대발하면서 제 지위가 높은 것을 내세워 이순신을 밀어붙였다.

"윗사람의 말은 옳으니 그르니 따지지 말고 그대로 실행하면 되는 일이야. 자네는 왜 그렇게 말이 많은가? 명령대로 하게."

"공평하지 못한 인사를 하게 되면 법이 무너지고 맙니다. 대감께서는 옳지 못한 일을 고집하지 마십시오."

서익은 매우 성이 났지만, 이순신의 말이 처음부터 끝까지 옳았기에 앙심을 품은 채 물러설 수밖에 없었다.

그날 훈련원의 말단 관리들은 삼삼오오 모여서 수군거렸다.

"병조정랑 서익이 한낱 훈련원 봉사에게 망신을 당했다네."

"이순신이 감히 정랑에게 대들다니, 앞날을 생각지 않은 무모한 행동이야."

"그래도 통쾌하지 않은가."

이러한 이순신의 훌륭한 인품이 알려지기 시작하자, 병조판서 김귀영이 중매인을 보냈다. 그에게는 첩의 몸에서 본 딸이 하나 있었는데, 그 처녀를 이순신의 소실로 시집보내고자 하는 마음에서였다. 그러나 이순신은 중매인에게 이렇게 말했다.

"내가 벼슬길에 오른 지 얼마 되지도 않았는데, 어찌 벌써부터 세도 있는 집안의 힘을 빌어 출세를 꾀하겠는가."

자신의 직속상관이면서 당시의 세도가인 병조판서의 제의를 거절한 것이었다.

훈련원에서 일하면서 이순신은 권력과 돈으로 인해 무너져 버린 규율을 바로잡으려고 노력했으나, 낮은 자리에 있는 그에게는 벅찬 일이었다. 더구나 상관에게 고분고분하지 않은 태도는 미움을 받기 마련이었다. 훈련원의 높은 벼슬아치들은 기회만 있으면 이순신을 다른 곳으로 쫓아버릴 생각을 하고 있었다.

그러다가 훈련원에 부임한 지 8개월 만에 이순신은 충청 병사의 군관으로 임명되어 충남 해미로 내려갔다. 그곳으로 임지를 옮긴 후에도 이순신의 바르고 청렴한 태도는 여전했다. 군관 생활을 하는 동안 이순신이 머물던 방에는 옷과 이부자리 외에 다른 세간이 없었다. 게다가 나라에서 지급하는 양식조차도 먹고 남은 쌀은 다시 군영으로 되돌려 보냈다. 이와 같은 태도가 상관에게도 알려져, 그는 이순신을 믿고 가까이했다.

어느 날 저녁의 일이었다. 술에 취한 병사가 이순신의 손을 끌고 자신의 옛 친구인 어느 군관의 방으로 같이 가자고 했다. 그러자 이순신은 짐짓 취한 체하면서 병사의 손목을 잡고 조용히 이렇게 말했다.

"사또, 지금 어디로 가자는 말씀이십니까?"

취한 중에도 이순신의 말이 무슨 뜻인지 헤아린 병사는 땅바닥에 주저앉아 뉘우치듯 말했다.

"내가 취했군, 취했어……."

당시의 법으로는 상관이 부하의 집을 방문하지 못했고, 재상이라 하여도 서로의 집에는 드나들지 않았다. 이순신이 병사에게 한 말은 도리에 어긋난 일을 해서는 안 된다고 부드럽게 충고하는 의미였다.

유성룡은 이순신의 인품을 《징비록》에서 이렇게 묘사했다.

이순신은 사람됨이 말과 웃음이 적고, 용모는 단아하여 마음을 닦는 선비와도 같았다. 또 마음속에 담력과 용기가 있어서 제 한 몸을 돌보지 않고 나라를 위해 목숨을 바쳤으니, 이것은 곧 이순신이 평소에 이런 소양을 쌓아 두었기 때문이다.

수군으로 발령 받다

이순신은 이듬해(1580년) 7월 충청 병사 군관에서 발포[5] 만호로 발령을 받고 전라도 흥양 땅으로 임지를 옮겼다. 만호란 종사품 무관으로 해안 지방의 경비를 맡아 하는 직책이었다. 이곳에서 이순신은 육군과는 다른 수군의 해상 경비를 익히며 총기와 여러 장비를 보수하는 등 성실히 임무를 다했다.

이 무렵 전라 감사 손식이 순찰을 돌다가 누군가 거짓으로 이순신을 나쁘게 말하는 것을 듣게 되었다. 그는 이순신을 벌주기 위해 관청으로 불러들였다.

"발포 만호 이순신은 진서를 읽고 설명해 보라."

이순신은 감사의 명령이 자기를 떠보려는 의도라는 것을 짐작했지만, 당황하지 않고 능숙하게 진서를 읽어 내려가며 뜻을 풀이했다. 감사는 이순신에게 트집 잡을 거리를 찾아낼 수 없자, 이번에는 여러 가지 진의 모양새를 그림으로 그려 보라고 명령했다. 이순신은 조용히 붓을 들고 감사가 호명하는 진의 모양을 세밀하고도 자신 있게 그렸다. 그 모습을 바라보고 있던 감사는 무릎을 치며 말했다.

"그대는 어쩌면 이토록 정밀하게 그림을 그렸소?"

그리고 이순신의 조상에 대해 물어본 뒤 민망해하며 말했다.

"내가 남의 말만 믿고 그대를 괴롭힌 것 같구려."

이후로 감사는 이순신을 정중하게 대우했다.

그러나 이순신의 관직 생활은 늘 순탄치 못했다. 어지러운 세상을 올곧게 살아가려는 이순신에게 시샘과 모함이 끊이지 않았기 때문이다.

한번은 전라 좌수사 성박이 심부름꾼을 보내어 발포 수군영 객사 마당에 있는 오동나무를 베어 가려고 했다. 이순신이 심부름꾼에게 물었다.

"좌수사께서 그 나무를 무엇에 쓰려고 베어 오라고 하셨느냐?"

"거문고를 만들겠다고 하셨습니다."

좌수사의 자리에 있는 사람이 관청에 있는 나무 한 그루를 베는 게 별일 아닐 수도 있었다. 그러나 이순신은 심부름꾼에게 이렇게 말하고 돌려보냈다.

"이 나무는 나라의 것이다. 게다가 여러 해 동안 길러 온 것을 하루 아침에 베어 낼 수는 없지 않느냐?"

좌수사 성박은 노발대발하였지만 이순신의 말이 하나도 그릇된 점이 없었으므로, 끝내 오동나무를 베어 갈 수는 없었다.

그 후 성박이 다른 자리로 옮겨 가고 이용이라는 사람이 좌수사로 오게 되었다. 그도 윗사람이라는 권위를 내세우길 좋아해서 원칙을 중요시하는 이순신이 자신에게 고분고분하지 않음을 미워했다. 이용은 이순신을 함정에 빠뜨리고자 갑자기 자기 관하에 있는 다섯 군영 병사들의 숫자를 점검했다. 그때 다른 군영에는 결석자 수가 많았고, 이순신이 있는 발포에는 네 명의 결석자밖에 없었다. 그러나 이용은 이순신의 이름만을 들춰내어 서울로 장계(狀啓)[6]를 올려 보냈다. 발포 만호 이순신이 게으름을 부렸으니 벌을 주라는 내용이었다.

이순신은 수사의 부당한 행동을 가만히 당하고만 있지는 않았다. 그는 발포를 제외한 네 군데 포구의 결석자 명단을 조사했다. 만일의 경우에 그것을 근거로 상부에 보고하기 위해서였다. 이 사실을 알게 된 좌수영의 장령들이 수사 이용에게 말했다.

"발포의 결석자가 제일 적을 뿐만 아니라, 이순신이 각 포구의 결석자 명단을 가지고 있습니다. 사또께서 올린 장계가 훗날 도리어 화가 되지 않을까 싶습니다."

"뭣이라고?"

이용은 당황해서 사람을 보내어 서울로 올라가던 장계를 되찾아 오도록 했다.

얼마 후에 좌수사와 전라 감사가 모여 관할 포구 장수들의 근무 성적을 의논하는 일이 있었다. 이때 이용은 발포 만호 이순신의 점수를 제일 낮게 주었다. 그러자 당시 감사를 도와 여러 사무를 맡아보는 도사 자리에 있던 조헌이 이용의 의견에 반대하며 말했다.

"제가 듣기로는 이순신이 군사를 다스리는 법이 우리 도내에서 으뜸이라고 합니다. 다른 장수들보다 유능한 그를 가장 낮게 평가하는 것은 옳지 않습니다."

조헌의 늠름한 항의에 이용은 무안하여 아무 말도 할 수 없었다. 훗날 임진왜란이 일어나자 조헌은 의병을 일으켜 용감히 싸우다 금산에서 장렬히 전사했다.

이렇듯 여러 번의 위기를 모면하면서 성실히 임무를 다하던 이순신은 결국 발포 만호의 자리에서 파직을 당하고 말았다. 발포에 내려온 지 삼 년째 되는 해에 서울에서 임금의 명을 받고 군기 경차관이 내려왔다. 군기 경차관은 임금의 명을 받고 지방 군대의 무기와 여러 군수 물자의 상황을 둘러보는 직책이었다. 그런데 공교롭게도 그 임무를 띠고 내려온 사람은, 예전에 훈련원에서 이순신에게 친지의 승진을 부탁했다가 거절을 당하고 앙심을 품었던 서익이라는 사람이었다. 발포의 무기들은 녹슨 것도 없고 수효가 모자라지도 않았으나, 그는 지난날 이순신에게 망신을 당했던 일을 보복하기 위해 거짓 보고를 올렸다.

"발포 만호 이순신은 무기를 전혀 보수하지 않았으므로 파직해야 마땅하다."

서울로 소환된 이순신은 4개월이 지난 후에야 훈련원 봉사로 복직되었다. 그러나 그는 직책이 낮아진 데 대해 아무런 불평도 하지 않고 자신의 일에 충실했다. 남에게 억울한 일은 없게 하면서 자신도 또다시 억울한 일을 당하지 않도록 노력했다.

어디에서 무슨 일을 하건 그는 언제나 활 쏘는 연습을 게을리 하지 않는 사람이었다. 그에게는 오래전부터 지니고 다니던 전통(箭筒)[7]이 있었는데, 활 쏘는 사람 중에는 그것에 눈독을 들이는 이가 많았다. 누구보다도 정승인 유전이 특히 탐을 내었다. 어느 날, 활터에서 만난 유전이 이순신을 불러 부탁했다.

"그 전통을 나에게 줄 수 없겠는가?"

이순신은 전통을 주고받음으로써 뒷말이 생길까 염려하여 공손히 대답했다.

"전통을 드리기는 어렵지 않으나, 다른 이들이 대감께서 받는 것을 어떻게 말할 것이며, 제가 드리는 것을 뭐라 말하겠습니까? 한낱 전통 하나로 대감께 누가 되는 말을 들을까 두렵습니다."

유전도 이순신의 말이 옳다고 여겨 고개를 끄덕였다. 그리고 이후로는 전통에 대한 말을 꺼내지 않았다. 어떻게 생각하면 답답하고 소심하게 여겨질 정도로 이순신은 원리와 원칙을 중요하게 생각했다. 때문에 오랜 세월 동안 재능을 인정받지 못하고 변방을 돌며 낮은 계급의 무관 생활을 해야만 했다.

다시 북방으로

이듬해인 1583년 이순신은 다시 북방으로 발령을 받았다. 3년 전에 전라 좌수사로 있으면서 이순신에게 벌을 주려고 했던 이용이 특별히 자기 밑으로 이순신을 불렀기 때문이다. 그는 이순신의 성실하고 곧은 성품을 이해하게 되어 지난날 자신의 허물을 뉘우치고 있었다. 또한 여진족이 자주 출몰하는 북쪽 국경을 지키려면 이순신처럼 믿음직스러운 장수가 필요하기도 했다. 함경도 변방에서 다시 만난 이순신과 이용은 서로를 잘 아는 상관과 부하로 가깝게 지내게 되었다. 그러다가 그해 10월에 이순신은 건원보 권관으로 다시 발령을 받았다.

건원보는 함경북도 두만강가의 경원군에 있는 국경의 요새로 여진족의 추장인 니탕개나 울지내 등이 자주 침략해서 백성들을 괴롭히는 곳이었다. 이순신은 그곳으로 부임한 즉시 빈틈없는 대비책을 마련하는 한편, 꾀를 내어 울지내를 사로잡기로 했다.

어느 날 이순신은 건원보의 군관 하나를 두만강 건너 울지내에게 보냈다. 군관이 울지내의 막사로 찾아가자, 그는 거드름을 피우며 물었다.

"무슨 일로 찾아왔는가?"

"이번에 새로 부임한 권관께서 추장님께 인사를 드리려고 합니다. 귀한 손님을 대접하고자 음식과 술을 마련해 놓았으니, 변변찮은 음식이나마 부족들 모두 오셔서 즐겁게 드시라는 말씀을 전해 드리러 왔습니다."

울지내는 자신을 치켜세워 주는 말에 으쓱하여 대답했다.

"음, 그렇게 하지. 가서 신임 권관께 부임을 축하한다고 아뢰게. 저녁 초대에 기꺼이 응하겠네."

그날 저녁 울지내는 부하들을 거느리고 강을 건너 건원보로 왔다. 그들은 떡 벌어지게 차려 놓은 잔칫상을 보자 허겁지겁 술과 음식을 먹고 마셨다. 마침내 그들이 술에 취해 정신을 못 차릴 지경이 되었을 때, 이순신이 미리 숨겨 둔 병사들이 달려들어 여진족을 모두 사로잡았다. 이순신의 지혜로 수년 동안 백성들을 괴롭혀 오던 여진족을 한 번에 소탕한 것이었다.

소식을 들은 조정에서는 이순신에게 상을 내리려 했다. 그러나 북병사 김우서가 이순신을 시기하여 상소를 올렸다.

"한낱 권관에 불과한 이순신이 상관에게 보고하지도 않고 제멋대로 저지른 일이므로 옳지 못합니다."

지위의 높고 낮은 순서를 중요시하던 때였으므로 조정에서는 이순신에게 상을 주려던 일을 중지했다.

이순신이 건원보에 머무르던 중에 훈련원 벼슬의 임기가 다 되어 참군[8]으로 승진했다. 이순신의 사람됨을 잘 아는 사람들은 그가 높은 지위에 있는 사람들에게 잘 보이지 못하여 자신의 능력에 맞는 자리에 오르지 못함을 아쉬워했다.

이순신이 참군으로 승진할 무렵, 아산에서 그의 아버지가 세상을 떠났다. 교통과 통신이 발달하지 못했던 시대였으므로 이듬해 정월에야 그는 그 소식을 듣게 되었다. 굳센 성품을 가진 이순신도 슬픔을 이기지 못해 큰 소리로 울부짖었다. 그때 마침 함경도를 돌고 있던 우찬성 정언신이 이순신의 아버지가 돌아가셨다는 소식을 듣고 사람을 보내어 말을 전했다.

"상복을 입은 후에 고향으로 돌아가라."

이순신의 몸이 상할까 염려되어 상복을 짓는 시간이나마 쉬도록 하기 위한 배려였다. 그러나 이순신은 그 말을 듣지 않고 곧 길을 떠나 아산 집으로 돌아간 후에 상복을 지어 입었다.

첫 번째 백의종군

아버지의 무덤 옆에서 삼년상을 치르고 난 이순신은 마흔두 살이 되었다. 그해 정월에 그는 사복시의 주부로 발령을 받았다. 사복시는 궁중의 수레와 말을 관리하는 곳이었고, 주부는 종육품에 해당하는 벼슬이었다. 그러나 부임한 지 며칠 되지 않아 그는 다시 조산보 만호로 부임하라는 명을 받았다. 국경 지대가 여진족의 침입으로 어수선했기에 믿을 수 있는 장수인 이순신을 보내기로 한 것이었다. 그리고 이듬해에 그는 녹둔도 둔전관을 겸임하게 되었다. 녹둔도는 두만강 입구에 있는 조그만 섬이었다. 나라에서는 늘 부족하던 군량을 마련하기 위해 이곳에 백성들을 이주시켜 울타리를 치고 밭을 개간하도록 했다. 이순신이 맡은 임무는 밭을 관리하면서 농사짓는 백성을 보호하는 일이었다.

녹둔도에 도착한 이순신은 병사들의 수가 너무 적어 곡식을 노리고 쳐들어오는 여진족을 막기 힘들다는 판단을 내렸다. 그래서 북병사 이일에게 병사를 더 보내 줄 것을 여러 번 요청했으나, 이일에게서는 매번 아무 대답도 없었다.

마침내 벼를 추수하는 시기가 되었을 때, 이곳의 방비가 허술하다는 것을 미리 알고 있던 여진족들이 떼 지어 쳐들어왔다. 그날따라 안개가 자욱하여 한 치 앞을 내다볼 수 없었다. 병사들 대부분은 밭에서 벼를 거두고 있었고, 열 명 남짓한 병사만이 울타리를 지키고 있었다. 여진족들은 말을 탄 기병을 앞세우고 함성을 올리며 쳐들어왔다. 순식간에 울타리를 방어하던 군관 둘이 전사하자, 이순신은 경흥 부사 이경록과 함께 말을 타고 달려 나가 활시위를 당기며 맞서 싸웠다.

붉은 털옷을 입은 여진족의 기병 몇 명이 이순신의 화살에 맞고 말에서 거꾸러졌다. 당황한 여진족은 말을 돌려 도망치기 시작했으며, 그 뒤를 쫓던 이순신은 사로잡힌 백성 50여 명을 구출하여 돌아왔다.

싸우는 도중에 이순신은 적의 화살을 맞고 왼쪽 다리에 부상을 입었으나, 화살을 뽑아 버리고 의연하게 싸움을 계속 이끌었다. 하지만 병사들의 숫자가 턱없이 부족하여 여진족에게 사로잡혀 간 병사와 백성들의 숫자가 160명에 이르고, 열 명의 전사자를 냈다. 여진족을 쫓아 버리기는 했으나, 승리한 싸움은 아니었다.

북병사 이일은 이순신의 요청에도 병사들을 더 파견하지 않은 잘못과 그로 인해 입은 피해에 대해 조정에서 자신에게 책임을 물을까 두려웠다. 그래서 이순신에게 그 모든 잘못을 떠넘길 마음을 먹었다. 그는 군영 안에 형틀을 설치하고 이순신을 불러들였다.

북병사의 명령을 받고 이순신이 출두하자, 군관으로 있던 선거이가 달려 나왔다. 선거이는 일찍이 이순신의 인품을 잘 알고 가까이 지내던 사람이었다. 그는 이순신의 손을 부여잡고 눈물을 흘렸다.

"술이나 한잔 하시고 들어가는 것이 좋겠소."

이순신은 선거이의 마음을 읽을 수 있었으나 담담한 태도로 대답했다.

"죽고 사는 것은 하늘의 뜻입니다. 술은 마셔 무엇 하겠소."

선거이는 더욱 답답한 마음에 다시 말했다.

"그럼 물이라도 마시고 들어가오."

이순신은 다시 태연하게 말했다.

"목이 마르지 않은데 물은 또 마셔 무엇 하겠소."

그는 늠름한 걸음걸이로 군영 안으로 들어갔다.

기다리고 있던 북병사 이일은 성난 얼굴로 소리 높여 말했다.

"녹둔도 둔전관 이순신은 여진족의 침입을 막지 못하고 패전하여 막대한 피해를 입힌 경위를 거짓 없이 아뢰라!"

이순신은 조금도 두려워하지 않고 당당하게 대답했다.

"녹둔도를 수비하는 병사의 수가 모자라 제가 여러 번 증원을 요청하였으나 사또께서 허락하지 않으셨습니다. 제가 올린 장계의 원안이 여기 있으니 보십시오. 조정에서 이 사실을 알면 그 죄를 저에게만 묻지는 않을 것입니다. 또 불리한 상황에서 저와 병사들이 힘껏 싸워 사로잡힌 백성들을 구해 오기까지 했는데 패전이라니 억울한 말씀이십니다."

이순신의 말에 어긋남이 없었으므로 이일은 할 말이 없었다. 결국 벌을 주지는 못하고 그를 감옥에 가두었다. 그리고 자신에게 유리한 장계를 꾸며 조정에 올려 보냈다. 조정에서는 다음과 같은 명령이 내려왔다.

이순신은 녹둔도 둔전관으로서 패전의 책임을 지고 백의종군하라.

백의종군은 나라에서 장수의 벼슬을 빼앗은 다음 아무런 계급 없이 보통 병사로 군에 복무하도록 하는 벌이었다. 얼마 안 되는 병사들을 이끌고 다리에 화살을 맞으면서 어렵게 싸웠지만, 이순신은 결국 백의 종군하라는 명을 받게 되었다. 그러나 그는 이러한 처사를 묵묵히 받아들였다. 그리고 같은 해 겨울에 두만강 건너에 있는 여진족들을 몰아내는 데 공을 세워 사면을 받았다.

정읍 현감이 되다

한동안 벼슬을 떠나 한가로운 날들을 보내던 이순신은 마흔다섯 살 되던 해에 전라 감사의 군관으로 발령을 받았다. 전라 감사 이광이 이순신의 능력과 성품을 아깝게 여겨 자기 곁으로 불러들인 것이었다. 얼마 후에는 이광의 추천으로 이순신은 조방장[9]으로 발령을 받게 되었다. 이때부터 그는 능력을 점점 인정받아서, 그해 11월에는 선전관으로 임명되어 서울로 올라갔다가 다시 12월에 정읍 현감이 되었다. 현감은 작은 고을의 군수와 비슷한 것으로 종오품의 벼슬이었다.

정읍 현감으로 부임하면서 이순신은 이웃 고을인 태인현의 일까지 맡아보게 되었다. 태인현은 오랫동안 현감 자리가 비어 있었던 탓에 처리해야 할 서류가 산더미처럼 쌓여 있었다. 부임하자마자 얼마 안 되는 시간에 그가 밀린 일처리를 능숙하게 해내자, 태인현의 백성들이 모두 그를 믿고 따랐다. 뿐만 아니라 어사에게, "이순신을 태인현의 현감으로 임명해 주시기 바랍니다"라는 내용의 글을 올리기도 했다.

정읍 현감이 된 후에 이순신은 고향에 있는 어머니를 정읍으로 모셨다. 이순신의 두 형 중 맏형은 그가 조산보 만호로 있을 때 세상을 떠났고, 둘째 형 요신은 그보다 앞서 서른아홉의 젊은 나이로 세상을 떠났다. 두 형의 어린 자녀들을 모두 그의 어머니가 거두었으므로 정읍에는 많은 식구가 모여 살게 되었다. 그 당시에는 지방 관리가 너무 많은 식구를 거느리고 있으면 비난의 대상이 되는 경우도 있었으므로, 이순신에게는 조심스러운 일이기도 했다. 그러나 이순신은 주위의 격정은 아랑곳하지 않았다.

"내가 차라리 식구를 많이 데리고 온 죄를 받게 된다고 해도 이 의지할 곳 없는 어린것들을 돌보지 않을 수 없다."

공적인 일에서는 엄격하기만 한 이순신이었지만 가슴속에는 누구 못지않은 따스한 마음을 가지고 있었다. 그는 어린 나이에 고아가 된 조카들이 애틋하여 자식들보다 더 사랑했고, 시집 장가도 먼저 보낼 정도였다.

그가 정읍 현감으로 일할 무렵은 온 나라 안이 '정여립의 모반 사건'으로 뒤숭숭하던 때였다. 정읍 현감으로 부임하기 이전부터 이순신은 당시 전라도 도사였던 조대중과 서로 편지를 주고받는 가까운 사이였다. 그런데 조대중이 모반 사건에 관련되어 그의 집이 수색을 당하는 일이 일어났다. 그때 금부 도사가 압수한 많은 서류 중에는 이순신이 조대중에게 보낸 편지도 들어 있었다. 이순신과 잘 아는 사이였던 금부 도사가 서류를 가지고 서울로 올라가는 길에 우연히 그를 만나게 되었다. 걱정이 된 금부 도사가 이순신에게 물었다.

"사또의 편지가 압수한 서류 뭉치 속에 들어 있는데, 뽑아 버릴까 하오."

그러나 이순신은 태연하게 말했다.

"아니오. 지난날 조대중 도사가 안부를 묻는 편지를 보냈기에, 나 또한 그 답장을 한 것뿐입니다. 게다가 이미 조정에 올리는 서류 속에 들어 있는 편지를 함부로 뽑아 버리는 것은 법에 어긋난 일이오. 그대로 두시오."

'정여립의 모반 사건'에 관련된 사람들 중에는 억울하게 처형된 사람이 많았다. 눈병이 나서 눈물을 흘린 사람이나 기생과의 이별이 섭섭하여 눈물을 흘린 사람이 정여립의 죽음을 슬퍼한다는 누명을 쓰고 죽음에 이른 경우도 있었다. 우의정이었던 정언신은 정여립과 성이 같다는 이유로 감옥에 갇혔다. 그러니 이순신의 말이 이치에 어긋난 것은 아니었지만, 사사로운 안부 편지라도 금부 도사가 염려하는 것은 당연한 일이었다.

그 무렵 이순신은 전라 감사의 심부름으로 잠시 서울에 다녀올 일이 있었다. 그때 그는 의금부에 갇혀 있는 정언신을 찾아갔다. 정언신은 함경도 감사로 있을 때, 이순신을 매우 아꼈으며, 이순신도 정언신을 존경하고 따랐다. 따라서 그가 안부를 묻기 위해 정언신을 찾아간 것은 당연한 일이기도 했지만, 조그만 꼬투리만 있어도 역모의 누명을

씌우던 당시의 상황에서 보면 매우 위험한 일이었다. 주위의 눈을 의식하지 않는 이순신의 강직한 성품에서 우러난 행동이었다.

이순신이 의금부의 감옥에 이르렀을 때, 마침 금부 도사들이 모여 술을 마시며 노래를 부르고 있었다. 이것을 본 이순신은 그들을 엄격하게 나무랐다.

"죄가 있고 없고는 임금께서 가려낼 일이지만, 한 나라의 재상이 옥에 갇혀 계신데, 법을 지켜야 할 사람들이 술을 마시면서 즐기고 있단 말인가."

금부 도사들은 이순신의 말에 자세를 바로하고 잘못을 사과했다. 평소의 말과 행동에 어긋남이 없는 이순신의 나무람이기 때문이었다.

전라 좌수사가 되다

이순신이 정읍 현감으로 있는 동안 '정여립의 모반 사건'이 일어났다. 오랜 세월 동안 동인과 서인으로 나뉘어 힘겨루기를 하던 조정에 치열한 당파 싸움을 불러일으키는 도화선 역할을 한 사건이었다. 그로 말미암아 중요한 관직을 차지하고 있던 동인들 대부분이 귀양을 가거나 죽음을 당했으며, 서인들은 한 번 차지한 권력을 놓치지 않기 위해 안간힘을 썼다.

무과에 급제한 뒤 15년 동안 이순신이 변방의 낮은 벼슬만을 돌았고, 또 순탄치 않은 길을 걸어야 했던 것은 당쟁의 소용돌이 속에 발을 들여놓지 않았던 때문이기도 했다. 당시에는 아무리 유능하고 인품이 뛰어난 사람이라 해도 어느 당파에 소속되어 있지 않으면 벼슬자리에 오르기가 쉽지 않았다. 관리의 임명은 대부분 조정 대신들의 추천으로 이루어졌고, 그러는 가운데 서로 자기 당파 사람을 중요한 자리에 오르게 해서 세력을 굳히고자 했기 때문이다.

그러나 나라가 위기에 처하면 충신을 찾기 마련이라는 말이 있듯이, 임진왜란을 일 년 앞둔 1591년 2월에 이순신은 전라 좌수사로 발령을 받았다. 좌수사가 되기까지 두 곳의 발령이 취소되었고, 좌수사 발령을 받은 다음에도 사간원에서 그의 발령을 반대하는 상소를 올리는 등 우여곡절이 많았으나, 종오품의 현감에서 종삼품의 벼슬로 뛰어오른 파격적인 승진이었다. 그가 전라 좌수사 자리에 오른 것은 무엇보다도 유성룡의 힘이 컸다. 동인의 세력이 크게 약해진 상태였으나, 유성룡은 적극적으로 임금에게 이순신을 추천했다. 유성룡은 그의 《징비록》에 다음과 같이 썼다.

일본이 군대를 움직인다는 소식이 날로 다급해지자, 임금이 비변사에 명을 내려 장수가 될 만한 재주와 인품을 가진 사람을 추천하라 하셨다. 내가 순신을 추천하여 정읍 현감에서 전라 좌수사로 뛰어오르니, 그렇게 갑작스럽게 승진하는 것을 찬성하지 않는 사람들이 많았다. ……그래서 내가 임금께 아뢰었다. "모든 일은 미리 준비하시는 게 중요합니다. 더욱이 군사를 다스려 적을 막는 일은 갑자기 마련해서는 안 됩니다. 정읍 현감 이순신은 전투 경험이 풍부하고 장수로서 능력과 위엄을 갖춘 사람입니다. 그에게 중요한 책임을 맡겨 보옵소서. 결코 기대에 어긋나지 않을 것입니다"라고 거듭 아뢰었다.

이렇게 해서 이순신은 여수에 있는 좌수영으로 부임하게 되었다. 그가 수사로 발령될 때 그의 친구 하나가 꿈을 꾸었다.

　들판 한가운데 큰 나무가 있는데, 높이는 하늘을 찌를 듯했고, 나뭇가지들은 무성하게 뻗어 있었다. 그 가지 위에 수없이 많은 사람들이 올라앉았는데, 큰 바람이 불어 나무가 뿌리째 흔들리다가 쓰러지려고 했다. 가지 위에 앉은 사람들이 아우성을 치자, 그것을 바라보던 어떤 사람이 날쌔게 달려와 쓰러지는 나무를 떠받쳐 사람들을 구했다. 그가 누군지 달려가 보니 이순신이었다.

　이것은 단순한 꿈이 아니라 앞으로 닥칠 위기에서 나라를 구하는 이순신의 모습을 예언한 꿈이었다.

유성룡과 '징비록'

유성룡은 1542년 경상도 의성에서 황해도 관찰사 유중영의 아들로 태어났다. 16세에 향시에 급제하고 21세 되던 해에 퇴계 이황의 문하로 들어가 학문을 닦았다. 그리고 25세 되던 해에 문과에 급제하여 처음 벼슬길에 올랐다. 임진왜란이 일어났을 무렵, 좌의정과 병조판서를 겸하고 있던 그는 다시 도체찰사에 임명되어 군사에 관한 업무를 도맡게 되었다. 선조가 서울을 버리고 난을 피해 길을 떠날 때, 그는 임금을 호위하며 동행하기도 했다. 개성에 이르러 영의정으로 임명되었으나, 평양에 도착하자 나라를 그르쳤다는 비난을 받고 파직당했다.

서울을 되찾았을 때 그는 다시 영의정으로 복귀되었으며, 훈련도감의 제조를 맡아 군비와 인재를 양성했다. 그러나 정유재란이 일어난 이듬해 북인들에 의해 다시 관직에서 쫓겨났다. 고향으로 돌아간 그는 조용히 책을 쓰며 여생을 보냈고, 벼슬자리는 모두 사양하였다.

《징비록》은 그가 도체찰사로 있을 때 겪은 임진왜란의 상황을 낱낱이 기록한 책이다. 이 책을 보면 임진왜란이 일어났을 때 조선은 사회의 기본적인 규율과 질서가 무너질 대로 무너진 상태였다. 왜군이 쳐들어오자 이를 막아야 할 무관들은 도망치기 바빴고, 조정 대신들은 국난의 와중에서도 치열한 당파 싸움을 벌였다. 높고 낮은 벼슬아치들은 제 식솔들을 챙겨 산속으로 숨어들었고, 임금은 백성들을 버리고 피난길에 올랐다. 해전에서 연달아 승리한 이순신과 몸을 던져 싸운 의병장이 없었더라면, 조선은 왜군의 손아귀로 넘어갔을지도 모르는 일이었다.

유성룡은 조선이 일본에 넘어가지 않은 것을 기적이라 여겼다. 그래서 훗날을 대비하기 위해 《징비록》을 썼다. '징비'란 시경(詩經)의 소비편(小毖篇)에 나오는 '미리 징계하여 후환을 경계한다'는 대목에서 따온 것이라고 한다. 유성룡은 이 책에서 일본의 국력을 얕잡아보고 안이하게 대처한 것, 이이의 충고가 있었음에도 국방을 소홀히 한 것 등을 스스로 뼈아프게 후회하고 있다.

이 책에서는 이순신의 승리와 일화들을 기록한 내용을 곳곳에서 찾아볼 수 있다.

이순신이 전투하던 때의 일이다. 앞장서서 병사들의 용기를 북돋우던 그가 총알에 맞았다. 피가 어깨에서 발뒤꿈치까지 흘러내렸지만 그는 꿈쩍도 하지 않았다. 싸움이 끝난 후에야 박힌 총알을 빼냈다. 칼로 살을 가르고 속에 박혀 있는 총알을 꺼내는 동안 곁에 있는 사람들의 얼굴이 꺼멓게 변했는데도, 그는 전혀 아프지 않은 듯 웃고 말하며 태연했다.

3. 왜군이 쳐들어오다

일본으로 통신사를 보내다

1589년(선조 22년) 9월, 일본의 도요토미 히데요시가 조선의 조정에 한 통의 편지를 보냈다. 조선의 사절을 일본에 보내 달라는 내용이었다. 당시 일본은 도요토미 히데요시가 통일을 이룩한 뒤 나라의 힘이 점점 강해져 가고 있던 때였다. 특히 네덜란드를 중심으로 유럽 여러 나라의 문명을 받아들이면서 경제가 급속히 발전했으므로 조선과 명나라와의 무역을 간절히 바라고 있었다. 이런 이유로 도요토미는 벌써 여러 번 사람을 보내어 수호를 청하면서 조선 통신사[10]가 일본을 방문해 줄 것을 요구했다. 그의 속셈은 우선 조선의 정치 상황을 염탐하기 위한 것이었고, 또 조선을 발판으로 삼아 명나라를 침략하려는 것이었다.

이전까지 조선과 일본의 관계는 왜구가 쳐들어왔을 때, 양국의 관리가 만나 서로의 요구 사항을 절충해서 들어주는 것으로 문제를 해결해 왔다. 그렇게 해서 조선은 삼포를 개방했고, 일본 사람들은 그곳에서 조선 사람들과 무역을 했다. 그러다가 그 정도의 거래로 양이 차지 않으면 지방 관리를 죽이는 등의 행패를 부렸다. 급기야 일본은 정식으로 사신을 보내 달라며 위협에 가까운 요구를 하고 있었다.

일본의 움직임이 심상치 않음을 느낀 조정 대신들은 "왜의 움직임을 살피고 오는 것도 나쁘지 않을 것이다"라는 데 의견을 모으고 1590년 3월 소오 요시모토와 함께 일본으로 통신사를 파견했다. 황희의 5대손인 황윤길이 정사로 임명되고, 부제학[11] 김성일이 부사에 임명되었다. 그들이 일본에서 돌아온 것은 이듬해 정월이었다. 그러니까 통신사 일행은 약 10개월 동안 일본에 머물면서 도요토미를 만나고 그의 답서를 받아온 것이었다.

그런데 그 답서에는 이제까지의 조선과 일본의 외교관계를 무시한 무례한 단어들이 들어 있었다. 지방 감사나 수령이 임금에게 바치던 토산물이라는 의미인 '방물(方物)'이라는 말과 군대를 이끌고 명나라에 침입하겠다는 뜻의 '입대명(入大明)'이라는 말이 그것이다. 통신사 일행은 도요토미의 답서에서 이 말을 고치도록 강력하게 요구했다. 그래서 방물은 고마움과 공경의 뜻으로 보내는 물품인 '예폐(禮幣)'로 바꾸었다. 하지만 입대명이라는 말은 '명에 입조(入朝)한다'는 뜻이라고 둘러대며 끝내 말을 바꾸지 않았다.

이렇듯 파란과 수모를 겪고 나서, 그 의도가 너무나 분명한 답신을 들고 귀국한 통신사들은 저마다 다른 보고를 했다.

"왜는 싸움배들을 만들고 있었습니다. 반드시 우리나라에 쳐들어올 것입니다."

서인인 정사 황윤길은 선조에게 이렇게 보고했다. 그런데 부사 김성 일은 그와 정반대의 보고를 하는 것이었다.

"신은 그런 상황은 보지 못했습니다."

김성일은 거기에 그치지 않고 다음과 같이 덧붙였다.

"윤길이 백성을 동요시키는 것은 옳지 않습니다. 도요토미는 체구가 왜소한데다 보잘것없는 인물이었습니다. 왜는 감히 이 땅을 넘보지 못 할 것입니다."

조정 대신들은 황윤길을 지지하는 사람과 김성일을 지지하는 사람 으로 나뉘어 말다툼을 하다가 회의를 끝내고 말았다. 회의가 끝난 후 좌의정 유성룡이 김성일을 불러 물었다.

"공은 정말 왜가 쳐들어오지 않을 것으로 믿소?"

"전들 어찌 그리 장담할 수 있겠습니까? 민심이 소란할 것 같아 그 리 아뢰었을 뿐입니다."

그때 조정은 동인의 세력이 더 강했으며, 황윤길은 서인이고 김성일은 동인이었다.

통신사 일행이 귀국한 지 한 달 후에 일본에서 사신을 보내왔다. 그들은 1년 뒤 명나라로 쳐들어갈 것이라고 정식으로 통고했다. 조정은 크게 놀라 일본의 통고 내용을 황급히 명에 알렸다. 그리고 서열에 관계없이 유능한 장수들을 발탁했으며, 경상도와 전라도 해안의 성들을 다시 쌓고 무기들을 정비하기 시작했다. 정읍 현감에 불과하던 이순신이 갑자기 전라 좌수사로 승진한 데에는 이런 배경이 있었다.

그러나 200년 동안 전쟁 경험이 없었던 조선의 관리와 장수들은 일본이 침략하리라는 것을 쉽게 믿지 않았으므로, 그 대비하는 방법들은 대부분 형식적인 것이었다. 또한 비현실적인 방어 공사들로 인해 백성들의 원성만 높아졌다. 《징비록》은 다음과 같이 기록하고 있다.

왜군이 건너오지 못하리라는 한 줄기 가느다란 희망이 있었을 뿐이었고, 군정의 근본문제나 군사를 훈련하는 방법은 백 가지 중에서 한 가지도 정돈되지 않고 있었다.

전쟁 준비를 하다

이런 시기에 전라 좌수사로 부임한 이순신은 왜군의 침략에 대비하는 일에 몸과 마음을 다 기울였다. 다섯 개 포구와 군영을 수시로 돌면서 무기와 배의 상태, 병사들의 군기를 점검했다. 뿐만 아니라 여러 가지 무기를 보충하고 배를 새로 만들었으며, 군량을 확보하기 위해 가까운 섬에 둔전을 설치할 것을 조정에 요청하기도 했다.

　그러나 조정에서는 바로 눈앞에 닥쳐온 왜의 침략에도 어찌할 바를 모르고 우왕좌왕할 뿐이었다. 백성들의 마음을 불안하게 한다는 이유로 방어 시설 만드는 일을 중지하라는 명령을 내리는가 하면, 도순변사 신립 장군 같은 사람은 다음과 같은 장계를 올리기도 했다.

　설사 전쟁이 일어난다고 하여도 수군은 필요 없으니, 육군에만 전력을 기울여야 합니다.

이 말을 들은 이순신은 곧 조정에 장계를 올려 건의했다.

　바다로 침입하는 왜군을 막는 데는 육군이 수군을 따를 수 없습니다. 수군과 육군은 어느 한 쪽도 없앨 수 없는 것입니다.

군대의 최고 지휘관에 해당하는 도순변사가 바다를 건너오는 왜군을 막는 데 수군이 필요 없다고 생각했다는 사실은 그 당시 사람들이 전쟁에 대해 얼마나 안이하게 대처했는가를 보여 준다. 반면에 이순신은 전체적인 상황을 판단하여 유능한 전략가답게 현실적인 노력을 하고 있었다.

왜란이 시작된 해인 임진년(1592년) 1월부터 그가 노량 앞바다에서 전사한 무술년(1598년) 11월까지 7년 동안 거의 하루도 빠짐없이 일상을 기록해 놓은 《난중일기》에는 그의 이런 노력이 잘 나타나 있다.

1월 3일 맑다. 동헌에 나가 별방군을 점검하고, 각 고을과 포구에 공문을 써 보냈다.

1월 16일 맑다. 동헌에 나가 공무를 봤다. 각 고을의 벼슬아치와 아전들이 인사하러 왔다. 방답[12]의 배들을 맡은 군관과 아전들이 싸움배를 수리하지 않았기에 곤장을 쳤다. 우후[13], 가수[14] 또한 점검을 게을리 해서 이 지경이 된 것이니 해괴하기 짝이 없다. 공무를 돌보지 않고, 제 몸만 살찌우려 하니 앞날의 일이 알 만하다.

3월 5일 맑다. 동헌에 나가 공무를 봤다. 군관들은 활을 쏘았다. 저물녘에 서울 갔던 진무가 돌아왔다. 좌의정 유성룡이 편지와 《증손전수방략》이라는 책을 보냈다. 수전, 육전, 화공전 등 모든 싸움의 전술을 낱낱이 설명해 놓은 참으로 만고에 훌륭한 책이다.

3월 6일 맑다. 아침밥을 먹고 출근하여 군기를 점검했는데, 활, 갑옷, 투구, 전통, 환도 등이 깨지고 낡은 것이 많아서 아전과 활 만드는 장인, 관아에 물건을 만들어 바치는 감고를 문책했다.

좌수사로서의 업무와 왜군의 침략에 대비한 준비에 온 힘을 기울이면서도 그는 늘 걱정이 앞섰다. 좌수영 아래 있는 한낱 병사들뿐만 아니라 군관이나 벼슬아치들까지도 바람 앞의 등불 같은 나라의 위급함에는 관심이 없고, 오직 제 몸 하나만을 챙기면서 고된 근무와 훈련에 대해 불평을 늘어놓았기 때문이었다.

무엇보다도 모범을 보여야 할 조정 대신들이 나랏일을 돌보지 않고 권력 다툼에만 열을 올리고 있는 상황에서는 어쩌면 당연한 일인지도 몰랐다.

이순신은 여수 동쪽에 있는 오동도를 훈련을 위한 연병장으로 만들어 병사들의 몸과 마음을 꾸준히 단련하도록 했다. 또한 좌수영 관하의 관리들과 병사들에게 나라가 위급한 상황에 처해 있음을 일깨워 주려 노력했다. 스스로 앞장서서 임무에 충실한 모습을 보여 주었고, 하루도 빠짐없이 활쏘기 연습을 하는 등 몸가짐과 말로써 모범을 보였다.

또한 일기 내용에서도 볼 수 있듯이 유성룡과 이순신은 나라가 위급한 상황에 처해 있다는 것에 대해 서로 의견을 같이하며, 전쟁에 대비하는 방법을 의논했다. 쉬지 않고 일하는 틈틈이 이순신은 홀로 병법책을 보면서 무기와 전술을 연구했다. 천, 지, 현, 황 등으로 불리던 각종 포를 개발했으며 포와 소총에 사용할 각종 화살과 화약을 준비하느라 애썼다.

나라의 도움이 전혀 없는 상황에서 배를 만들고, 철과 구리를 모아 포를 만들고 화약을 준비한다는 것은 결코 쉬운 일이 아니었다. 그가 가장 중요하게 생각했던 것은 싸움배들을 철저히 고치면서 새로운 형태의 싸움배를 만드는 일이었다. 거북선을 개량하여 만들기 시작한 것도 이즈음의 일이었다.

기록에 보면 '거북선'이라는 이름을 가진 배는 1413년에 왜구를 격퇴하기 위해 만들어졌다고 한다. 그 후 일본과 수교가 이루어지고, 큰 전쟁이 없는 평온한 시대가 계속되면서 거북선은 자취를 감추고 말았다. 그러다가 좌수사로 부임한 이순신이 왜군의 침략에 대비하기 위하여 배 만드는 기술자들과 군관 나대용의 도움을 받아 다시 건조한 것

이었다.

《난중일기》에는 이런 기록들이 있다.

> 2월 8일 거북선에 사용할 돛배 29필을 받았다…….
> 3월 27일 거북선에서 대포 쏘는 것을 시험했다…….
> 4월 12일 식사 후에 배를 타고 거북선에서 지자포와 현자포를 쏘았다…….

그러므로 거북선은 임진왜란이 일어나기 직전에 거의 완성되어 있었던 것으로 보인다. 나중에 이순신이 당포 해전을 보고하기 위해 올린 장계에는 거북선의 모습과 구조, 성능이 기록되어 있다.

> ……신은 일찍이 왜적의 침입이 있을 것을 염려하여, 별도로 거북선을 건조하였습니다. 앞에는 용머리를 만들어 붙여서 그 아가리로 대포를 쏘도록 했습니다. 등에는 쇠못을 꽂았고, 안에서는 밖을 내다볼 수 있어도 밖에서는 안을 들여다볼 수 없도록 했습니다. 수백 척의 싸움배들 속으로도 뚫고 들어가 대포를 쏠 수 있습니다…….

좀 더 상세한 설명은 이순신의 조카가 쓴 《이순신 행록》에서 찾아볼 수 있다.

……크기는 판옥선과 같고 배 위를 판자로 덮었다. 판 위에는 십자형의 좁은 길이 있어서 사람이 다닐 수 있게 했고, 그 외에는 모두 칼과 송곳을 꽂아 발을 디딜 수 없도록 했다. 앞에는 용머리를 만들어 아가리가 총구멍이 되게 하고, 뒤에는 거북이의 꼬리를 만들어 그 아래 총구멍을 내었다. 그리고 오른쪽과 왼쪽에 각각 여섯 개의 총구멍을 만들었다. 그 전체적인 모양이 거북과 비슷하다고 하여 '거북선'이라 불렀다. 적을 만나 싸울 때는 거적으로 송곳과 칼을 덮어 위장하고 앞장서서 나아갔다. 적이 배에 올라 덤비려 들다가는 칼날과 송곳 끝에 찔려서 거꾸러졌다. 또 에워싸고 쳐들어오려 하면 배의 앞, 뒤, 옆에서 일제히 총을 쏘았다. 적의 배가 바다를 뒤덮으며 모여들어도 거북선은 그 속을 휘저으며 마음대로 드나들었다. 따라서 크고 작은 해전에서 항상 승리를 거두었다…….

이순신은 바다 위에서 늘 왜선의 숫자에 훨씬 못 미치는 적은 배들을 가지고 싸워야 했다. 그러나 단 한 번도 패하지 않았던 이유 중 하나는 조선 수군에 거북선이라는 돌격선이 있었기 때문이다. 당시에는 명나라와 일본뿐만 아니라 세계 어느 나라에서도 배는 모두 나무로 만든 것들이었다. 비록 완전한 철선은 아니지만 나무로 만든 배의 겉에 철갑을 입힌 거북선은 획기적인 시도라고 할 수 있었다. 철갑으로 무장한 거북선은 빗발치는 화살과 총탄을 뚫고 적의 배에 접근하여 효과적으로 공격할 수 있었다.

왜군의 침입

1592년(선조 25년) 4월 13일, 부산 앞바다에 있는 가덕도에서 90여 척이 넘는 왜선이 부산으로 향하고 있다는 보고가 들어왔다. 그리고 몇 시간 후, 십만 명이 넘는 왜군이 부산진성으로 몰려들었다. 오래전부터 여러 차례 사신을 보내어 조선의 어지러운 상황을 잘 알고 있던 도요토미가 드디어 전쟁을 시작한 것이다.

부산 첨사[15] 정발은 성문을 굳게 닫고 싸울 준비를 서둘렀다. 그러나 조선군은 숫자도 적고 훈련도 되어 있지 않아 여러모로 일본군의 상대가 되지 못했다. 정발은 죽을 각오를 하고 병사들과 백성들을 격려했다.

"결코 우리 땅에 왜적들이 발을 딛게 해서는 안 된다. 목숨이 다할 때까지 이 땅을 지켜야 한다."

병사들은 화살을 쏘고 백성들은 돌과 끓는 물을 마구 쏟아 부으며 싸웠다. 그러나 조총을 쏘는 일본군에게 당해 낼 수 없었다. 우리 병사들은 불을 뿜는 조총의 정체가 무엇인지도 모르면서 거꾸러져 갔다. 마침내 성 안으로 쏟아져 들어온 일본군의 칼날에 수없이 많은 사람들이 목숨을 잃었다. 남문 쪽에서 싸우던 정발도 전사했다. 싸움이 끝나자 성 안에는 즐비한 시체와 피비린내가 흘러넘쳤다. 부산을 점령한 왜군의 선봉장 고니시는 군대를 이끌고 동래성을 향했다.

그사이 순식간에 물밀 듯 들이닥친 왜군을 맞아 싸우다 다대포 첨사

윤흥신도 전사했다. 그러나 경상 좌수사 박홍은 재빨리 달아났고, 일본군의 위세에 겁을 먹고 지레 항복한 사람들도 많았다.

부산진이 함락되었다는 소식을 들은 동래 부사 송상현은 동래부에 속한 고을의 군사들을 불러 모았으나, 경상 좌병사 이각은 이미 달아나 버린 후였다. 그러는 사이에 일본군은 동래성 아래까지 밀고 들어와 항복을 요구하기 시작했다.

"왜놈들에게 길을 비키다니, 싸우다가 죽겠다!"

송상현은 단호하게 거절했다. 일본군은 성을 겹겹이 에워싸고 조총을 쏘아 대며 공격을 개시했다. 동래성 병사들과 백성들은 한마음 한뜻으로 용감하게 저항했다. 그러나 일천도 안 되는 동래성의 병사들이 수만이 넘는 일본군을 상대하는 것은 절대적으로 힘이 부치는 일이었다. 송상현은 결국 일본군의 포로가 되었다. 적장 고니시 앞으로 끌려가 항복하라는 위협을 받자, 그는 눈을 부릅뜨고 소리쳤다.

"너희는 좋은 이웃이란 말도 모르느냐? 우리가 너희를 해친 적이 없거늘, 너희는 무엇 때문에 이 행패를 부리는 것이냐? 우리가 너희를 '왜' 라고 부르고, '야만' 이라 부르는 것은 다 그 때문이 아니더냐?"

고니시는 송상현의 목을 베라고 명했다. 그렇게 송상현은 동래성과 함께 장렬한 최후를 맞이했다.

동래성을 손에 넣은 일본군은 세 방향으로 나누어 서울로 진격해 갔다. 제1진은 동래, 양산, 청도, 대구, 안동, 상주, 조령, 충주, 여주로 향했고, 제2진은 언양, 경주, 영천, 군위, 조령, 죽산, 용인, 한강으로 향했다. 제3진은 김해, 성주, 추풍령, 영동, 청주, 경기도로 방향을 잡았다. 그 밖에 구기 요시다라 등이 거느린 수군은 해상을 경비하고 있었다.

일본군이 쳐들어왔다는 소식을 조정에서 접한 것은 침략이 시작된 지 사흘째인 17일이었다. 선조는 곧 신립을 도순변사[16]로, 이일을 순변사[17]로 임명했다. 그리고 유성룡에게 여러 장수를 감독하는 도체찰사[18]를 맡겼다. 거침없이 밀고 올라오는 일본군을 막기 위해 이일은 문경새재 쪽으로 급히 떠났다.

그러나 이일이 거느리고 간 병사는 고작 3백이었으며, 그나마도 급히 모집하여 훈련도 제대로 받지 못한 신병들이었다. 도순변사 신립도 급히 군대를 이끌고 이일의 뒤를 따랐으나, 이일은 4월 24일 상주에서, 신립은 28일 충주에서 고니시의 군대에게 크게 패하고 말았다. 조총을 쏘아 대며 몰아치는 일본군에게 칼과 활을 들고 맞서던 신립의 병사들은 전멸했고, 신립은 탄금대에서 뛰어내려 자살했다.

신립이 일본군에게 패하고 자결했다는 소식은 큰 충격이었다. 조정에서는 밤새 대책을 논의한 뒤 피난을 결정할 수밖에 없었다. 4월 30일 선조와 세자 광해군은 서울을 버리고 조정 대신들과 함께 피난길에 올랐다. 그날은 날이 흐려 주위를 분간하기 어려웠으며, 비까지 내렸다. 임금이 피난을 떠났다는 소문은 이내 서울 장안에 파다하게 퍼졌다. 살 만한 사람들은 살림살이를 싣고 일본군을 피해 시골로 떠났으나, 가난한 백성들은 갈 곳이 없었다. 분노한 사람들은 폭도로 변해 텅 빈 대궐로 몰려가 닥치는 대로 훔치고, 부수고, 불 지르기 시작했다. 경복궁과 창덕궁이 이때 모두 불에 탔다.

뒤이어 일본군이 5월 2일에 서울에 들어왔으며, 6월 13일에는 평양을 점거했다. 겨우 2개월 만에 조선은 왜군의 손아귀에서 무너지고 말았다.

한편 왜군이 쳐들어온 첫날 가장 먼저 그들을 맞아 싸웠어야 할 경상도 수군은 한 번 싸워 보지도 않고 왜군에게 바다를 내주었다. 처음 90여 척의 왜선을 발견한 가덕 첨사가 경상 좌수사 박홍에게 보고를 했고, 박홍은 우수사 원균에게 연락을 하여 싸울 준비를 했다. 그러나 박홍은 왜군의 세력이 점점 불어나는 것을 보고 도저히 상대가 되지 않을 것이라 판단했다. 그는 경상 좌수영에 속해 있던 크고 작은 배 103척을 바다에 가라앉힌 뒤 도망쳤다.

거제에 본영을 두고 있던 경상 우수사 원균은 왜군의 숫자가 막대하다는 소문만으로 지레 겁을 먹고 싸움을 포기했다. 그는 수영을 불태우고 만여 명의 수군을 해산시킨 뒤, 배 60여 척과 대포, 무기 등을 모조리 바다 속에 버렸다. 그리고 부하 몇 명과 함께 배 4척을 나누어 타고 우수영에서 200리나 떨어진 곤양 어귀로 달아났다가, 다시 육지로 올라가 적을 피하려고 했다. 그때 부하인 율포 만호 이영남이 원균에게 건의했다.

"사또는 왕명을 받고 수사가 되었는데, 이제 군사를 버리고 육지로 도주하면 훗날 조정에서 죄를 물을 때 무슨 말로 해명하려 하십니까? 그러니 전라도에 구원을 청하여 싸워 본 후에 이기지 못하면 그때 도 망쳐도 늦지 않을 것입니다."

그제야 원균은 이영남을 이순신에게 보내어 구원을 요청했다.

박홍과 원균이 왜군의 얼굴도 보기 전에 도망갔기 때문에 임진왜란 은 처음부터 싸움다운 싸움 없이 왜군에게 기세를 빼앗겨 버렸다. 유 성룡은《징비록》에 이렇게 기록했다.

비록 물길이 멀다고는 하지만, 우수사 원균은 거느리고 있는 배가 많았 다. 또한 왜군의 배가 단 하루 만에 총집결한 것이 아니었으므로, 단 한 번 만이라도 조선 수군의 위세를 보이는 싸움을 벌였더라면 왜군은 뒤를 염려 하여 뭍에서의 싸움에 망설였을 것이다. 그러나 원균은 한 번 싸워 보지도 않았다.

신중한 판단

이순신이 원균으로부터 위급한 소식을 받은 것은 왜군들이 부산을 침공한 다음 날인 4월 15일이었다. 그날은 마침 성종 비 한씨의 제삿 날이라 이순신은 하루 종일 공무를 보지 않고 있었다. 그런데 해질 무렵, 경상 우수사 원균으로부터 "왜선 90여 척이 부산 앞 절영도에 정박하였다"는 소식이 왔고, 또 같은 시각에 "왜선 350여 척이 부산포 건너편에 도착했다"는 박홍의 공문이 왔다. 이순신은 즉시 조정에 장계를 올리고 순찰사 이광, 병마사 최원, 우수사 이억기에게 공문을 보내 전쟁에 대비하도록 했다.

다음 날 4월 16일에는 원균으로부터 부산진이 함락되었다는 전갈이 왔고, 17일에는 경상 우병사 김성일이 "왜적이 부산을 함락시킨 후에도 물러가지 않는다"는 공문을 보내왔다. 또다시 18일에는 원균이 동래가 무너졌다는 소식을 전했다. 이순신은 4월 18일 일기에 이렇게 썼다.

……낮 두 시경에 영남 우수사의 공문이 왔다. "동래도 함락되고 양산, 울산의 두 고을 군수도 조방장으로 성에 들어갔다가 모두 패했다"고 한다. 이건 정말로 통분하여 말을 할 수가 없다. 병사 이각과 수사 박홍이 동래 뒤쪽까지 이르렀다가 곧 군사를 돌렸다고 하니 더욱 가슴 아프다…….

이순신은 당장이라도 경상도를 향해 출전하고 싶은 마음이었다. 그러나 그는 자신의 지위가 '수사'이며 수사는 혼자 판단으로 행동을 개시해서는 안 된다는 사실을 잘 알고 있었다. 무엇보다도 왜군은 배의 숫자만 5백 척에 이르는 대군이었기 때문에 치밀한 계획과 훈련, 준비

없이 싸움을 벌였다가는 크게 패하여 얼마 안 되는 병사와 배를 잃어버릴 수 있었다. 당시에 이순신이 혼자 동원할 수 있는 배의 수는 24척에 불과했다. 5백여 척의 대군과 맞서려면 적어도 전라 좌우도 수군의 연합작전이 이루어져야 했으므로, 그는 조정의 명령을 기다리는 수밖에 없었다. 또한 왜군이 언제 방향을 틀어 전라도 해안을 공격할지 알 수 없는 일이었으므로 자신의 원래 임무인 전라도의 각 포구를 지키는 일도 게을리 할 수 없었다.

그러는 가운데 4월 20일에는 경상도 관찰사 김수가 구원병을 청하는 공문을 이순신에게 보냈다. 공문을 받자마자 그는 좌수사 관하의 수군에게 배를 정비하여 언제라도 출동할 수 있는 준비를 하라고 지시했다. 그리고 닷새 후에는 임금으로부터 "물길을 따라 나가 적선을 무찌르라"는 유서를 받았으며, 다음 날에는 "원균과 합세하여 적을 무찌르라"는 유서를 연달아 받았다.

두 번째 유서를 받은 그날로 이순신은 경상도로 구원을 나가는 장계를 올림과 동시에 좌수사 관하 포구의 장수들에게 급히 모일 것을 명령했다. 또한 전라도의 군사 지휘권을 갖고 있는 관찰사, 방어사 그리고 병사에게 유서의 내용을 낱낱이 알렸다. 그리고 경상도의 순변사, 관찰사 및 우수사 원균에게는 경상도 바닷길의 형편, 적선의 숫자와 정박해 있는 곳, 경상도와 전라도의 수군이 모일 장소, 그리고 그 밖에 여러 가지 작전에 관련된 일들을 묻고 빠른 시일 안에 회답해 줄 것을 요청했다.

　이순신은 출전하는 순간까지 날마다 숨 가쁘게 보고를 받고 지시를 내렸으며, 조사와 작전 계획을 짜는 데 여념이 없었다. 첫 싸움에서 승리를 거두어야 병사들의 사기를 높일 수 있었거니와, 30척도 안 되는 배를 이끌고 5백여 척에 이르는 왜군의 대함대와 싸워 이기려면 특별한 전략이 필요했기 때문이었다. 이후로도 왜군과 싸운 7년 동안 크고 작은 싸움에 임할 때마다 그는 항상 미리 정보를 수집하여 빈틈없는 계획과 준비를 하는 데 최선을 다했다. 그는 용감하기도 했지만, 무인으로서는 드물게 치밀하고도 신중한 판단을 내리는 장수였다.

　마침내 모든 출전 준비를 끝낸 이순신은 관하에 있는 다섯 포구, 다섯 고을의 장수들을 좌수영으로 불러 모았다. 경상도로 출전하는 문제를 논의하기 위해서였다. 여수의 진해루에 모인 장수들의 표정은 심각했다.

　"전라도 수군은 전라도를 지키는 것이 자기 임무입니다. 경상도로 나가 싸우는 것에 신중을 기할 필요가 있습니다."

　낙안 군수 신호는 출전에 반대하는 의견을 내었다. 그러자 군관 송희립이 말했다.

　"적군들의 기세가 거세다 하니, 앉아서 외로운 성을 지키려 해도 지켜지지 않을 것입니다. 나가 싸워 다행히 이기면 적의 기세를 꺾을 수 있을 것이며, 패해서 죽는다 해도 신하 된 도리에 부끄러움이 없을 것입니다."

마침내 장수들의 하나로 뭉친 뜻이 녹도 만호 정운의 입을 통해 흘러나왔다.

"적군을 치는 데 전라도, 경상도가 어디 있습니까? 영남을 내버려 두어 다 무너지고 나면 우리는 또 어떻게 되겠습니까? 적이 울타리 밖에 있을 때는 막기 쉽지만, 울타리 안으로 들어오면 막기 힘든 법입니다. 영남은 호남의 울타리인데, 울타리가 무너지면 여기도 안전하지 못합니다. 이제 나아가 경상도를 돕고, 전라도를 보호할 생각을 하지 못하고 그저 머뭇거리다가는 적을 울타리 안으로 끌어들이고 맙니다."

정운의 말을 듣자 이순신은 크게 기뻐하며 소리 높여 말했다.

"내가 여러분을 불러 모은 것은 여러 장수들의 결의를 보기 위함이었다. 이제 우리가 할 일은 나가서 싸우는 일뿐이니, 앞으로 다른 말을 하는 사람이 있다면 군법에 따라 목을 벨 것이다."

서릿발 같은 이순신의 말에는 굳은 결의가 스며 있었다. 마침 왜군의 소문을 듣고 미리 놀라 집으로 도망간 병사 두 명이 있었다. 이들을 붙잡아 목을 베어 사람들이 보는 앞에 높이 매달아 규율의 엄함을 모든 병사에게 알렸다.

임진년 5월 4일 새벽 두 시경, 이순신의 함대는 드디어 여수를 출발했다. 전라 좌수사의 자리에 있으면서 여러 해 동안 훈련시킨 병사들과 갈고 닦은 무기와 배들을 이끌고 경상도로 나아갔다.

그날 이순신이 거느린 함대는 판옥선 24척, 협선 15척과 전복 잡는 어선을 개조한 포작선 46척이었다. 사실 협선이나 포작선은 함대의 위세가 커 보이기 위해 뒤를 따르도록 한 것이었으므로, 전투를 할 수 있는 배는 판옥선 24척뿐이었다. 수백 척에 이르는 일본 함대에 비하면 너무나 보잘것없었으며, 한 번 둘러본 적도 없는 경상도의 뱃길은 이순신에게 낯설기만 했다. 그러나 그의 가슴속에는 나라를 살려야 한다는 뜨거운 열정이 있었다. 경상도로 출전하면서 이순신은 임금에게 다음과 같은 결의를 밝혔다.

죽음을 무릅쓰고 호랑이의 소굴을 쳐부수는 심정으로 나라의 부끄러움을 만분의 일이나마 씻기를 바랄 뿐입니다. 성공과 실패, 날쌔고 둔한 것에 대해서는 미리 헤아리지 않을 것입니다.

이순신은 부하들을 데리고 해안과 섬들을 샅샅이 살피면서, 여수에서 50킬로미터쯤 떨어진 거제 남쪽 소비포 앞바다로 나가 그곳에서 첫날 밤을 지냈다. 다음 날 5월 5일에 경상도 수군과 약속한 장소인 당포로 내려갔다.

그러나 미리 약속이 되어 있던 원균은 그곳에 보이지 않았다. 이순신은 빠른 배 1척을 내보내 원균을 찾아보도록 했다. 원균은 이튿날 아침 한산도로부터 판옥선 1척을 타고 나타났다. 뒤를 이어 경상도 장수아홉 명이 판옥선 3척과 협선 2척을 가지고 왔다.

  이순신은 경상도와 전라도의 연합수군을 모아 놓고 다시 굳게 결의를 다졌다. 그리고 당포를 떠나 왜군이 주둔하고 있다는 천성, 가덕을 향해 남쪽 해안을 따라 내려가기 시작했다.

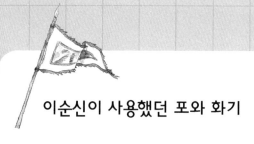

이순신이 사용했던 포와 화기

　현재 박물관에 보관되어 있는 임진왜란 전후에 사용되었던 포(총통)를 보면 포의 지름과 무게에 따라 차례로 '천, 지, 현, 황'이라는 말이 포 이름 앞에 붙는다. 천자포는 포의 몸통을 구리로 만들었으며 길이 130센티미터, 무게 295.8킬로그램(493근), 지름 10.2센티미터이다. 지자포 또한 구리로 만들었으며 길이 117센티미터, 무게 285.6킬로그램(476근), 지름 10.2센티미터이다. 현자포는 몸통을 철로 만들었으며 길이 70센티미터, 지름 7센티미터이고, 황자포는 현자포와 마찬가지로 철로 만들었으며 무게는 62.4킬로그램(104근)으로 기록에 남아 있다.

　1813년에 간행된 《융원필비》라는 책에 보면, 천자포는 주로 대장군전(길이 약 21센티미터, 무게 30킬로그램)을 발사하는 것이다. 지자포는 장군전(길이 15센티미터, 무게 18.9킬로그램)을, 현자포는 차대전(길이 15센티미터, 무게 4.2킬로그램)을, 황자포는 피령전(길이 12센티미터, 무게 2.3킬로그램)을 각각 발사하도록 만들었다. 여기서 대장군전, 장군전 등 '전'이라는 이름이 붙은 것은 철화살촉과 철깃이 달린 화살을 이르는 것이다.

　이외에도 천자포는 수철연이환(무게 7.8킬로그램)과 단석을 발사하고, 지자포는 수철연이환(무게 4.8킬로그램)과 단석 및 조란환 200개를 한꺼번에 발사할 수 있었다. 현자포는 수철연이환(무게 1.1킬로그램)과 철환 100개를 발사할 수 있었다. 여기서 수철연이환이란 철로 주조하여 그 위에 아연을 입힌 것을 말한다. 단석은 돌을 둥글게 갈아 탄환처럼 만든 것이고, 조란환은 새알만 한 철탄환을 이르는 것이다. 수철연이환이나 단석은 적선을 부수는 데 사용하였고, 조란환은 주로 적선 위에서 싸우는 병사들을 사살하는 데 사용하였다.

이상의 각종 포와 화기 이외에도 이순신은 질려포, 호준포, 승자총통 그리고 대발화 등을 제조하여 전투에 사용하였다. 이런 모든 포들은 이순신이 처음으로 발명한 것은 아니고, 고려 말부터 조금씩 사용되었던 것을 개량한 것이다. 임진왜란 전까지 전투할 때는 주로 활과 칼을 사용했음에도, 이순신은 왜군의 침략에 대비해 배와 포를 많이 만들었다. 왜군과 바다에서 싸울 때 이순신이 거듭 승리할 수 있었던 것은 미리 준비해 놓은 포의 위력에 힘입은 바가 컸다. 조선 수군의 배는 숫자와 크기에서는 왜선에 미치지 못했지만, 각종 포의 위력은 결코 뒤떨어지지 않았기에 패하지 않고 싸울 수 있었다. 바다에서의 싸움에서는 활과 칼이 포의 힘을 당할 수 없을 것임을 미리 예견한 이순신의 지혜 덕분이었다.

4. 바다에서의 잇단 승리

옥포 해전의 승리

이순신의 함대가 새벽에 당포를 떠나 옥포에 도착한 때는 정오 무렵이었다. 적의 움직임을 미리 살피기 위해 앞서 내보낸 배에서 왜적을 발견했다는 신호로 화살을 쏘아 올렸다. 그것을 본 이순신은 병사들에게 엄하게 명령을 내렸다.

"가볍게 움직여서는 안 된다. 산처럼 신중하게 행동하라."

조선 수군의 함대는 질서정연하게 옥포만 안으로 돌진해 들어갔다. 적들의 배 50여 척이 옥포 포구 후미진 곳에 정박하고 있었는데, 색색의 비단으로 휘장을 두른 큰 배가 눈에 띄었다. 휘장 옆에는 붉고 흰 깃발을 어지럽게 매단 대나무 장대가 꽂혀 있었다. 이때 왜적들은 배에서 내려 관청이고 여염집이고 할 것 없이 마구 불사르며 도적질을 하는 중이었다. 그러다가 이순신의 함대를 발견하자, 그들은 황급히 배에 올라타 해안선을 따라 달아나기 시작했다.

이순신이 타고 있는 판옥선을 선두로 전라도와 경상도의 연합수군은 있는 힘을 다해 왜군을 쫓으며 대포와 화살을 쏟아 부었다. 왜군도 조총과 화살을 쏘면서 저항했으나, 순식간에 왜선 몇 척에 포환이 명중하면서 불길이 솟아올랐다. 가라앉기 시작하는 배 안에서 왜군들은 우왕좌왕하며 어쩔 줄을 몰라 했다. 화살에 맞아 쓰러지고, 물에 빠져 죽고, 허우적거리다 뭍으로 도망가는 적들이 부지기수였다. 요행히 포환을 피한 적선들은 실었던 물건을 내던지며 달아나 버렸다.

왜군은 완전히 무너졌다. 불타는 적의 배들로 연기가 하늘을 뒤덮었고, 바닷물은 피로 물들었다. 첫 싸움을 승리로 장식한 병사들은 하늘을 찌를 듯한 기세로 환호성을 울렸다. 병사들의 마음속에는 '명령에 따라 죽을 각오로 싸우면 승리한다'는 굳은 신념이 자리 잡았다. 또한 앞으로의 싸움에 대한 불안감도 사라졌다.

옥포에서 배 26척을 잃고 크게 패한 왜군은 육지로 올라가 산속 깊이 숨거나 조선 수군의 추격을 피해 넓은 바다로 나가 부산 쪽으로 달아났다. 이순신은 도망가는 왜군을 모조리 없애고자 용감한 활꾼들을 뽑아 그들을 사로잡으려 했다. 그러나 거제도는 산이 험하고 수풀이 무성한 데다 활 쏘는 병사들이 없다면 만에 하나 왜군이 반격을 해 올 때 곤란할 것이기 때문에 수색을 중지했다. 날이 저물자 이순신은 함대를 이끌고 영등포 앞바다로 이동했다.

그곳에서 나무를 하고 물을 길어 와 밤을 지내려 하는데, 주위를 살피기 위해 내보냈던 배에서 왜선 다섯 척이 멀지 않은 곳을 지나가고 있다는 보고를 갖고 돌아왔다. 이순신은 다시 영등포에서 30킬로미터나 떨어져 있는 합포 앞바다까지 적의 배들을 추적했다. 왜군은 겁을 집어먹고 노를 빨리 저어 합포 앞바다로 들어갔다. 그곳에서 왜군들은 배를 버리고 뭍으로 도망쳐 올라갔으므로 그들을 사로잡지는 못했으나, 왜선 다섯 척을 모두 태워 버렸다.

남포 앞바다에서 밤을 보낸 이순신은 다음 날 아침 피난민들로부터 진해 땅 고리량에 왜선들이 모여 있다는 이야기를 전해 들었다. 그는 즉시 함대를 둘로 나눈 다음 고리량까지 가는 길목에 있는 여러 섬들을 샅샅이 뒤졌다. 적진포에 이르렀을 때, 크고 작은 왜선 13척이 정박하고 있는 것을 발견했다. 왜선들은 무방비 상태로 늘어서 있었고, 왜군들은 뭍에 올라 민가에 불을 지르고 노략질을 하느라 정신이 없었다.

이순신의 함대는 포를 쏘며 적진포 포구로 들어갔다. 왜군들은 혼비백산하여 모두 산으로 달아났다. 이곳에서도 적선 11척을 불태웠다. 빈 배를 상대로 싸워 승리를 거두었으므로 너무나 쉽고 일방적인 싸움이었다.

옥포와 합포, 적진포에서 거둔 세 번의 승리를 합쳐서 '옥포 해전'이라고 부른다. 이 싸움에서 이순신은 적선 42척을 부수고 불태웠다. 옥포 해전에서 거둔 전리품은 다섯 간 창고에 쌓고도 넘쳤는데, 그중 쌀 3백여 섬은 노 젓는 병사와 활 쏘는 병사들에게 나눠 주었다. 의복과 무명, 베 등은 병사들에게 두루 나누어 주어 사기를 북돋아 주었으며, 전쟁에 필요한 물품들은 따로 잘 보관해 두었다. 다친 사람은 순천 대장선의 활꾼 한 명뿐이었으니 완벽한 승리라고 할 수 있었다.

이 승리는 대규모 왜군 주력 부대와 맞붙어 싸운 것은 아니었다. 그러나 왜군들이 전라도 해안을 쉽게 넘보지 못하도록 했기 때문에 왜군의 통신 및 보급로를 막을 수 있는 발판을 마련했고, 수군과 육군의 사기를 높였다는 데 그 의미가 있다.

옥포 해전을 승리로 이끈 이순신은 앞으로 치를 더 큰 전쟁을 준비하기 위해 여수 본영으로 돌아갔다. 그리고 이튿날 5월 10일에 임금에게 옥포 해전의 승리를 알리는 장계를 올렸다. 그는 승리의 공을 한 가지도 자기에게 돌리지 않은 채, 공을 세운 병사들의 이름을 하나하나 기록하여 조정에서 상을 내리기를 청했다. 이 장계의 끝머리에서 그는 이렇게 적고 있었다.

……신의 어리석은 생각으로는 적을 막는 방법에 있어서 수군이 나가 싸우지 않고 육지에서 성을 지키는 것에만 힘썼기 때문에, 수백 년 내려온

나라의 터전이 하루아침에 적의 소굴로 변한 줄 아옵니다. 생각이 이에 미치면 목이 메어 말할 수가 없습니다. 적이 만약 뱃길로 이곳에 쳐들어온다면 신이 죽음을 각오하고 지키겠습니다. 그러나 적이 육지로 쳐들어온다면 이곳 병사들에게는 타고 싸울 말 한 필 없으니, 맞서 싸울 방법이 없습니다. 신의 짧은 생각으로는 돌산도의 백야곶과 흥양의 도양장에서 기르는 말 중에 쓸 만한 말들이 많은데, 잘 길들여서 전쟁에 쓴다면 승리할 수 있을 것입니다.

승리의 기쁨에 성급하게 취하기보다는 왜군과 맞서 싸우면서 느낀 부족한 점을 보고하는 내용이었다. 한 번의 싸움으로 이순신이 얻은 결론은 수군이나 육군 단독의 힘으로 왜군을 완전히 무찌르기는 힘들다는 것이었다. 바다에서 불리해진 왜군이 육지로 올라가 버리면 수군으로서는 손쓸 도리가 없기 때문이었다. 이후로도 그는 수륙 협공작전을 계속 조정에 건의했다.

선조 임금이 이 장계를 받은 것은 서울을 떠나 평양에 머물 때였다. 육지에서의 연이은 패전으로 시름에 잠겨 있던 임금과 조정 대신은 이 소식을 듣고 크게 기뻐하며, 옥포 해전에서 공을 세운 여러 장수들을 치하했다. 이순신에게는 참판이나 대사헌, 통제사 등과 같은 등급에 해당하는 '가선대부'라는 종이품의 직급이 내려졌다.

당포 해전의 승리

한편 육지의 군대는 패전을 거듭하고 있었다. 임진년(1592년) 5월 2일에 서울이 왜군의 손에 넘어간 후, 도망친 경상 좌병사 이각이 임진강에서 발견되어 처형되었다. 한강에서 패전한 부원수 신각은 양주 싸움에서는 승리를 거두었으나, 도원수 김명원의 오해에서 비롯된 그릇된 보고서로 억울하게 처형되었다. 신각은 청렴하고 성실한 장수였다. 그가 예전에 연안 부사로 있을 때, 성을 쌓고 해자를 팠을 뿐 아니라 무기를 많이 준비해 두었기에 연안에서 의병을 일으킨 이정암이 왜군과 싸울 때 성을 지킬 수 있었다는 말도 전해진다. 신각이 처형된 후, 임진강을 지키던 김명원과 한응인은 매섭게 몰아붙이는 왜군의 공격에 힘없이 무너졌다. 왜군은 드디어 임진강을 건너 개성으로 진격하기 시작했다. 따라서 개성을 떠나 평양에 머물던 선조 임금은 의주로 다시 몸을 피해야 할 처지가 되었다.

이순신이 옥포에서 승리를 거두고 여수로 돌아온 것은 선조 임금이 평양에 머물러 있을 무렵이었다. 여수 본영으로 돌아온 이순신은 병사들을 위로하고 쉬게 하면서, 다음 싸움을 위해 배와 무기를 손질하도록 했다. 또한 신병들을 모아 훈련을 시키기도 했다. 이렇게 왜군과 맞서 싸울 준비를 하는 동안, 경상 우수사 원균은 왜군의 움직임을 알려 주는 공문을 여러 차례 보냈다. 그 중에서도 이순신의 마음을 아프게 한 것은 왜군들이 거제도 서쪽 해안의 여러 고을에서 노략질을 하고 백성들을 괴롭힌다는 소식이었다. 이 소식을 들은 이순신은 전라 우수사 이억기와 6월 3일 여수 앞바다에 모여 함께 출전하기로 약속을 했다. 그러나 27일 원균의 급한 구원 요청이 도착했다. 적선 10여 척이 이미 사천 곤양으로 쳐들어오고 있어서 원균은 남해의 노량으로 쫓겨가고 있다는 것이었다.

이순신은 더 이상 기다릴 수 없다는 판단을 내렸다. 사실 이순신은 더 빨리 출전하고자 했으나 바람의 방향도 예측할 수 없었고, 또 뱃길이 먼 이억기 함대의 사정으로 시기를 늦춘 것이었다. 이순신은 군관 윤사공에게 여수 본영을 지키게 하고, 이억기에게는 상황이 위급하므로 날짜를 앞당겨 떠나니 곧 뒤따라와 주기를 바란다는 공문을 띄웠다. 그리고 5월 29일 새벽에 23척의 배를 이끌고 두 번째로 경상도 해안을 향해 출발했다. 지난번 출전 때보다 배가 한 척 줄어든 것은 흥양 지역에 왜군이 쳐들어올 것이라는 정보를 입수하고, 조방장 정걸에게 배를 내주고 그곳을 지키도록 보냈기 때문이다. 그러나 이번에는 완성된 거북선 3척을 돌격함으로 사용하기 위해 끌고 나갔다.

5월 29일에 노량 앞바다로 나가기 전, 이순신은 이상한 꿈을 꾸었다. 출전을 앞두고 잠을 자는데, 꿈에 백발의 노인이 나타나 그를 발로 차면서 "일어나라. 일어나라. 적군이 왔다" 하고 말했다. 그는 잠에서 깨어나 배들을 이끌고 노량으로 출발했다. 이순신의 함대가 들어오는 것을 본 원균은 하동 포구로 3척의 배를 거느리고 달려왔다.

이순신이 원균에게 물었다.

"적선이 지금 어디에 있습니까?"

"사천에 닻을 내리고 있다고 들었습니다."

원균과 이순신이 왜군의 동태에 대해 이야기를 나누고 있을 때, 멀지 않은 바다 위에 왜선 한 척이 사천 방향으로 가고 있는 것을 발견했다. 왜군이 주위를 살피기 위해 내보낸 배인 듯싶었다.

이순신은 즉시 싸울 준비를 하라는 명령을 내리고, 그 배의 뒤를 쫓았다. 마침내 그 배를 따라잡게 되자, 왜군들은 배를 버리고 뭍으로 올라가 달아났다. 그러는 가운데 이순신의 함대는 사천 앞바다에 이르게 되었다. 멀리 사천 포구가 보였다. 왜군들은 산 아래에 배들을 매어 놓고 포구 위 험준한 산등성이에 줄지어 길게 늘어서서 진을 치고 있었다. 왜군의 숫자는 4백여 명이나 되어 보였다.

지난번과 마찬가지로 왜군의 진영에는 붉고 흰 깃발이 무수히 꽂힌 채 어지럽게 휘날리고 있었다. 가장 높은 산꼭대기에는 따로 장막을 둘러쳐서 지휘 본부로 삼고 있는 곳이 보였다. 산 아래 해안에는 누각을 올린 큰 배 12척이 줄지어 정박해 있었다. 조선 수군이 다가오는 것을 보자 왜군들은 산등성이에 모여 칼을 휘두르며 위협을 했다. 그 모습을 본 이순신은 바로 달려들어가 왜선을 쳐부수고 싶었지만, 때마침 썰물 때라 판옥선처럼 큰 배가 함부로 포구로 들어가는 것은 불가능했다. 그래서 그는 어떻게 공격할 것인지 궁리하기 시작했다.

왜군은 높은 곳에 있었고, 이순신의 함대는 낮은 위치에 있었으므로 매우 불리한 상황이었다. 산등성이에 있는 왜군에게 함대에서 쏜 화살이 닿지 못할 게 뻔했다. 또 포구로 들어가 왜선을 불태워 버릴 생각도 했지만 마침 물이 빠질 때였다. 게다가 이미 해가 저물어 가고 있었다. 이순신은 여러 장수들에게 명령했다.

"우리가 짐짓 패한 듯이 물러가면, 저들은 배를 타고 쫓아 나올 것이다. 그러면 바다 한가운데까지 끌고 나가 모조리 쳐부수는 것이 좋겠다."

여러 가지 상황을 고려하여 유인작전을 쓰기로 하고, 곧 뱃머리를 돌려 도망가는 체했다. 조선 수군의 함대가 배를 돌리는 것을 본 왜군들은 의기양양해서 산을 내려왔다. 그리고 2백여 명의 왜군이 배를 타고 쫓아오면서 공격해 왔다. 산 위에서도 빗발 같은 총탄 세례를 퍼부었다.

적이 사천만 한가운데까지 몰려나왔을 때, 조수가 밀물로 바뀌면서 판옥선이 쉽게 움직일 수 있는 기회가 찾아왔다. 이순신은 함대에게 일시에 뱃머리를 돌리도록 명령했다. 그리고 왜선의 무리 한가운데로 거북선을 들여보내 포를 쏘면서 돌진하도록 했다. 뒤따라 다른 배들도 있는 힘을 다해 왜선을 공격했다. 왜군들도 산등성이와 산 아래, 그리고 배 위에서 철환을 발사하며 맞섰다. 불을 뿜어 대는 배들로 천지가 진동하고 바다 위에는 연기가 자욱했다. 드디어 이순신 함대의 집중 포화를 받던 왜군들이 바다 속으로 떨어지고 뭍으로 달아나기 시작했다. 심지어는 산 아래에서 수비하던 왜군들도 그들의 배가 깨어지고 불타는 것을 보자, 높은 산등성이로 기어올라 도망쳤다.

싸움이 끝날 무렵, 이순신은 각 배에서 걸음이 날랜 병사들을 뽑아 도망치는 왜군을 마지막까지 쳐부수려 했다. 그러나 해가 저물기 시작하는 데다 산 위의 숲이 울창하여 도리어 뒤를 쫓던 병사들이 해를 입을까 봐 추격을 중지했다. 그리고 왜군을 유인하기 위해 포구에 적의 배 2척을 남겨 두고 모자랑포로 물러나와 밤을 보냈다.

처음으로 치른 격렬한 싸움이었다. 여러 장수와 병사들이 부상을 입었고, 이순신 또한 왼편 어깨에 철환을 맞았다. 피가 발뒤꿈치까지 흘러내렸으나, 싸움이 끝날 때까지 활을 놓지 않았다. 나중에 칼끝으로 살을 째고 탄환을 꺼내니 깊이가 두 치[19]나 되었지만, 이순신은 태연한 표정으로 웃으며 이야기까지 해서 주위 사람들을 안심시켰다.

이순신은 싸움이 있을 때마다 장수들에게 이렇게 당부했다.

"적의 머리를 한 개 베는 동안 많은 적을 사살할 수 있다. 그러니 머리를 많이 베는 것에 신경 쓰지 말고 사살하는 일을 우선하라. 누가 힘써 싸웠는지는 내가 직접 눈으로 보고 있는 것 아니냐."

당시에는 적의 머리를 베어 온 숫자로 무공을 인정하여 나라에서 상을 내렸다. 이순신의 말은 개인적으로 공을 세우는 일에 신경 쓰지 말고 전체적인 싸움에 있는 힘을 다하라는 뜻이었다.

사천 앞바다에서 큰 승리를 거둔 이순신 함대는 모자랑포에서 밤을 지내고 다음 날 정오에 사량도로 가서 병사들을 하루 쉬게 했다. 6월 2일 아침에는 왜선이 당포에 정박해 있다는 사실을 알아내고 그곳으로 출발했다.

당포에 머무르고 있던 왜군은 무려 3백여 명에 이르렀다. 그들의 반은 성안으로 들어가 노략질을 하면서 불을 지르는 행패를 부리고 있었고, 나머지는 성 바깥의 험한 지형을 이용해 진을 치고 있었다. 포구에 정박해 있는 21척 중 가장 큰 배에는 붉은 휘장을 두른 높은 누각이 세워져 있었는데, 왜장이 타고 있는 배가 분명했다.

이순신은 우선 적의 움직임과 지리적 조건을 상세히 관찰했다. 그래서 공격과 동시에 방어할 수 있는 전략을 세웠다. 함대의 뒤쪽에 망보는 배를 띄워 뒤로부터 오는 기습에 대비하게 했고, 거북선을 선두에 세워 누각이 세워져 있는 적의 배를 향해 바로 쳐들어갔다. 그리고 모든 포와 철환을 집중적으로 그 배에 퍼부었다. 왜군들도 조총과 활을 쏘며 맹렬히 반격했으나, 용머리를 치켜들고 달려드는 거북선에는 속수무책이었다. 결국 누각이 세워져 있던 거대한 왜선이 깨지고, 중위장 권준이 쏜 활이 적장을 거꾸러뜨렸다. 그러자 군관 진무성이 용감하게 배 안으로 달려들어가 적장의 목을 베었다. 이때부터 왜군은 사기가 떨어져 한순간에 흩어지더니 뭍으로 달아나기 시작했다. 기세를 몰아 이순신의 함대는 왜선 21척을 모두 불태우고 부숴 버렸다.

그 후 뭍으로 달아난 왜군을 추격하려는데 먼 바다에서 망을 보던 배에서 급한 전갈이 왔다. 거제로부터 왜군의 배 20여 척이 오고 있다는 것이었다. 이순신이 급히 바깥 바다로 나가 보니, 조선 수군의 함대를 발견한 왜선들이 이미 멀리 달아나고 있었다.

이미 날이 저물고 있었으므로 이순신의 함대는 안전한 장소인 창신도로 이동해서 휴식을 취하며 밤을 보냈다. 다음 날 6월 3일에는 새벽부터 추도 근처의 섬들을 수색했다. 전날 달아난 왜선을 찾기 위한 것이었다. 이순신은 고성 근처까지 진출해 왜선과 전투를 하고자 했으나, 함대의 세력이 너무 약해서 이억기의 함대를 기다리기로 했다.

6월 4일 아침에는 함대를 거느리고 다시 당포 앞바다로 돌아가 근처에 왜선이 숨어 있는지 수색을 계속했다. 그곳에서 산중에 숨어 있던 강탁이라는 사람이 달려와 이순신에게 왜군의 상황과 어디로 옮겨 갔는지 본 대로 알려 주었다.

"지난 2일, 당포에서 목숨을 건진 왜군들은 울면서 죽은 자들을 한데 모아 불사르고, 육로로 달아났습니다. 달아날 때 우리 백성들을 만나도 죽일 생각도 못하고 슬피 울기만 했습니다."

이순신은 그에게 물었다.

"그때 구원하러 오던 왜선은 어디로 갔느냐?"

"당포 앞바다에서 거제로 갔다고 들었습니다."

이 말을 들은 이순신은 장수들을 모아 놓고 말했다.

"우리 수군이 가진 배의 숫자가 적선에 비해 턱없이 모자라지만, 적이 있는 곳을 알고도 가만히 앉아 있을 수만은 없다. 한시가 급하니, 적의 배가 모여 있다는 거제로 떠나자."

여러 장수들은 이제까지 싸움에서 보여 준 이순신의 지혜와 용기를 믿고 있었으므로 죽음을 각오하고 따르기로 했다. 이순신의 함대가 출발하려고 할 때, 멀리 서쪽에서 전라 우수사 이억기가 25척의 배를 거느리고 나타났다. 거듭된 싸움으로 지친 병사들에게는 몹시 반가운 일이었다. 조선 수군의 연합함대는 이순신의 배 23척, 원균의 배 3척, 이억기의 배 25척을 합하여 모두 51척의 대함대를 이루었다.

6월 5일에는 거제에 있던 왜선이 고성 땅 당항포로 갔다는 소식이 전해졌다. 이순신과 이억기의 연합함대는 즉시 당항포로 출발했다.

당항포에 도착한 후, 이순신은 먼저 배 두세 척을 당항포로 들여보내며 당부했다.

"포구 내의 지형을 상세히 살펴보고, 만약 왜선에게 발각되면 달아나는 척하면서 바깥 바다로 이끌고 나오라."

그리고 나머지 배들은 포구 밖에 숨어서 공격할 준비를 하도록 했다.

얼마 후에 먼저 들여보낸 배가 포구 어귀로 나와 화살을 쏘면서 들어오라는 신호를 했다. 이순신은 배 4척을 뒤에 남겨 두고 도망치는 왜선을 공격하도록 명령하고, 나머지는 동시에 당항포로 들어가 왜선을 공격하도록 했다. 왜선은 모두 26척이었으며, 뱃머리에 3층 누각을 세운 커다란 배에는 왜군의 대장이 타고 있었다. 누각은 절의 법당처럼 화려한 단청이 칠해져 있었으며, 검은 물을 들인 비단 휘장을 배 주위에 두르고 있었다.

왜선들은 조선 수군의 함대를 보자 조총을 마구 쏘아 댔다. 이순신은 거북선을 앞세워 빗발치듯 쏟아지는 총탄을 뚫고 왜군의 대장이 타고 있는 가장 큰 배로 다가갔다. 그리고 그 배를 향해 총통과 포를 집중적으로 퍼부었다. 다른 배들도 교대로 총탄과 화살을 쏘아 댔다. 적선의 휘장과 돛대에 불이 붙고, 누각 위에 앉아 있던 적장이 화살에 맞아 거꾸러졌다.

이때 이순신은 함대를 두 편으로 갈라 왜선들이 바다 쪽으로 도망가도록 길을 열어 주었다. 이제까지의 전투 경험으로 보았을 때 왜군들은 전세가 불리해지면 육지로 달아난다는 것을 알고 있었기 때문이다.

"우리가 일부러 배를 돌려 후퇴하는 것처럼 보이면, 왜군들은 그 틈을 이용하여 큰 바다로 나가려 할 것이니, 그때 양옆에서 치면 모두 쳐부술 수 있을 것이다."

이순신이 예측한 대로 왜선들은 열린 뱃길을 향해 달아나기 시작했다. 그들이 바다 한가운데로 나왔을 때, 이순신과 이억기의 함대는 포위망을 좁히면서 공격했다. 왜선은 독 안에 든 쥐였다. 수없이 많은 왜군이 물에 빠져 죽었고, 뭍으로 기어 나가 산으로 도망쳤다. 이순신 함대의 병사들은 창, 칼, 활 등을 들고 도망치는 왜군을 추격했고, 30척이 넘는 왜선을 불태웠다. 왜선 한 척은 해안에 그냥 남겨 두었는데, 그것은 살아남은 왜군들을 마저 잡기 위한 유인책이었다.

다음 날인 6월 6일, 이순신은 전날 남겨 둔 배를 타고 왜군이 바다로 나올 것을 예상하고 병사들을 당항포 길목에 잠복시켜 놓았다. 새벽녘에 왜군 백여 명이 배를 타고 당항포를 빠져나오는 것을 발견했다. 병사들은 포를 쏘면서 쇠갈고리를 던져 적선을 바다 한가운데로 끌고 나왔다. 왜군은 반 이상이 물에 빠져 죽었으며, 첨사 이순신[20]은 화려한 옷차림에 몸집이 장대한 왜군 장수의 목을 베었다. 또한 왜선에 실린 궤짝 속에서 많은 문서를 발견했다. 그 중에는 3,040명의 왜군들이 자신의 이름을 쓰고 그 밑에 피를 발라 죽음을 각오하고 싸울 것을 맹세한 분군기(分軍記)라는 문서도 있었다.

이날은 비가 오고 구름이 끼어 항해하기가 어려웠다. 이순신은 함대를 당항포 앞바다로 옮겨 병사들을 쉬게 했다. 날이 저문 후에는 안전하게 밤을 지내기 위해 고성 땅 마루장 앞바다로 갔다.

6월 7일에는 이른 아침부터 시루섬 앞바다로 이동하여 남아 있는 왜선을 찾아내는 일에 주력했다. 정오가 되어 함대는 다시 영등포 앞바다로 갔다. 이때 왜군의 배 7척을 발견했는데, 그들은 율포에서 떠나 부산을 향해 가는 중이었다. 이순신의 함대는 바람의 방향을 거슬러 율포 앞바다까지 왜선을 쫓아갔다. 왜군은 싸울 의지를 잃고 배 안에 실었던 물건들을 물속으로 던지면서 달아났다.그러나 이순신 함대의 맹렬한 공격에 왜군의 배는 모두 불타서 깨지고 말았다.

사천, 당포, 당항포, 율포 네 군데에서 승리한 해전을 '당포 해전'이라 부른다. 이 네 차례의 해전에서 이순신의 함대는 72척의 왜선을 부수고, 셀 수 없이 많은 왜군의 목숨을 빼앗았다. 싸움이 치열했기에 조선 수군도 13명의 전사자와 이순신을 비롯한 34명의 부상자를 내었다.

한편, 이순신의 함대가 나타나면 왜군을 피해 산속에 숨어 있던 백성들이 몰려나와 기뻐하며 그들이 본 왜군의 움직임을 알려 주곤 했다. 집과 가족을 잃고 떠도는 백성들에게 이순신은 왜군에게 빼앗은 쌀과 옷감 등을 나눠 주었다. 또 주위에 몰려든 2백여 명의 백성들을 사람들이 많이 모여 사는 여수와 장생포 같은 곳으로 이주시키기도 했다.

당포 해전에서 돌아온 이순신은 다음과 같은 장계를 조정에 올렸다.

가덕도에서 수색을 벌이던 그날, 부산에 머물고 있던 왜적을 쳐부수고 싶었으나 하루도 빠짐없이 바다 위에서 싸움을 벌이느라 군량이 떨어지고 병사들도 지쳤으며 부상자도 많았습니다. 피로한 병사들로 하여금 왜적과 맞서 싸우게 하는 것은 좋은 전략이 아닙니다. 또 양산강은 길목이 좁아서 겨우 배 한 척이 들어갈 수 있는 곳인데, 적선이 이미 오랜 시간 머물러 지세가 유리한 곳을 차지했을 것입니다. 우리가 싸우려 해도 적이 응하지 않을 것이고, 우리가 물러선다면 약점을 보이는 것이 될 것입니다. 부산항으로 진격해 들어간다고 해도 양산의 적이 뒤를 포위할 것이므로, 경상도의 지형을 잘 모르는 전라도 수군으로서 항구 깊숙이 들어가 앞뒤로 적을 맞이하는 것은 안전하지 않습니다. 전라도 병사의 공문에 서울을 침범한 적들이 운송선을 빼앗아 서강으로 내려온다 하므로…… 여러 곳에서 다른 싸움이 일어날까 걱정이 되었습니다. 신은 이억기와 의논하여 가덕 등 여러 섬을 샅샅이 뒤졌으나 적의 자취가 없었으므로 본영으로 돌아왔습니다.

이순신의 신중하고 치밀한 성품이 엿보이는 구절이다. 그는 항상 군량, 군비의 상태와 병사들의 사기 그리고 적의 동태와 싸우는 장소의 지형 등을 두루 세심하게 고려해서 판단을 내렸다. 이순신은 적과 맞서 싸울 때는 몸을 사리지 않는 용감한 장수였다. 그러나 그보다는 이길 전략이 없는 무모한 싸움은 시작하지 않는 명석한 판단력이 돋보이는 장수이기도 했다. 때문에 그가 이끌었던 조선 수군은 왜군에 대항해, 세계 역사상 그 예를 찾아보기 힘들 정도로 적은 수의 사상자를 내면서 연이은 승리를 거둘 수 있었다.

한산도에서의 큰 승리

이순신의 함대가 바다에서 연이어 승리를 거두고 있을 무렵, 선조 임금은 대동강까지 올라온 왜군을 피해 의주로 다시 피난길에 올랐다. 6월 22일에 의주에 도착한 선조는 명나라로 구원을 요청하는 사신을 보냈으며, 임금 스스로 잘못된 정치를 뉘우친다는 내용의 〈애통소〉를 백성들에게 발표했다. 이 눈물 어린 호소를 읽고 나라 안 곳곳에서 의병과 승병이 일어났다.

한편 바다에서의 연이은 패전으로 일본도 당황하고 있었다. 육군이 이미 함경도까지 쳐들어갔으므로 일본은 병사들에게 군량이며 무기를 공급해야만 했다. 그러려면 뱃길이 뚫려 있어야 하는데 일본 수군이 이순신 함대에게 발목이 잡혀 서해안으로 접근이 불가능한 상태였기에 전쟁을 수행하는 데 큰 어려움이 있었다.

결국 육군과 합세하고 있던 일본 수군의 대장들이 남해안으로 내려와 흩어진 수군을 다시 모으고 배들을 정비했다. 싸움배를 많이 잃기는 했지만 부산진항에는 여전히 왜군의 배 수백 척이 남아 있었다. 육군의 일부도 남해안으로 내려왔다. 6월 23일, 도요토미는 와키자카, 구키, 가토 세 장수에게 서로 협동하여 조선 수군을 격파하고 이순신을 처치하라는 명령을 내렸다.

한편 이순신은 피난민이나 염탐을 위해 따로 내보낸 병사들을 통해 일본 수군의 움직임을 자세히 지켜보고 있었다. 그는 가덕과 거제 등에 왜선 10여 척이 들락거린다는 정보를 들었으며, 조선의 육군은 계속 패하기만 해서 전라도 금산까지 왜군이 들어왔다는 사실을 알고 있었다. 육군의 패전 소식을 들을 때마다 그는 안타까움과 울분을 삭이지 못했으나, 우선 왜군의 뱃길을 가로막는 것이 가장 좋은 전략이라고 판단했다. 아무리 연전연승을 하는 왜군이라 해도 군량과 무기가 순조롭게 공급되지 않으면 전쟁을 계속할 수 없다는 사실을 알고 있기 때문이다.

마침내 이순신은 우수사 이억기와 만나 전라 좌우도의 연합함대를 결성하고 함께 함대의 훈련을 실시한 다음, 7월 6일 48척의 배를 거느리고 경상도를 향해 출발했다. 그리고 그날 오후에 7척의 배를 이끌고 온 원균과 노량 앞바다에서 만났다. 전라 좌우도와 경상도 수군이 연합하여 55척의 배로 연합함대를 결성한 것이었다. 이순신과 이억기, 원균은 경상도 해안을 들락거리며 백성들을 괴롭히고 노략질을 하는 왜군을 깨끗이 쳐부수기로 굳게 약속했다.

이튿날 동쪽에서 강하게 불어오는 바람 때문에 배를 움직이기가 어려워서 해질 무렵에야 당포 포구에 다다를 수 있었다. 그런데 이순신의 함대를 보고 섬에서 소를 치던 목동 하나가 달려와 중요한 사실을 알려 주었다.

"크고 작은 왜군의 배 여러 척이 오늘 오후에 영등포에서 거제를 지나 견내량에 머무르고 있는 것을 보았습니다."

다음 날 아침, 조선 수군의 연합 함대 56척이 견내량 바깥 바다에 도착했다. 그때 왜선 2척이 앞장서서 나오다가 조선의 함대를 보고 방향을 돌려 왜선이 진을 치고 있는 견내량 앞바다로 돌아갔다. 이순신은 그들을 뒤쫓아 들어가면서 왜선의 숫자와 포구의 지형을 상세히 살펴보았다. 왜선은 모두 73척이었고, 견내량은 커다란 배가 자유롭게 활동하기 힘들 정도로 좁고 암초가 많은 바다였다. 원균과 몇몇 장수들은 곧바로 쳐들어가자는 의견을 냈다. 그러나 이순신은 반대했다.

"견내량은 바다가 좁고 암초가 많아서, 안으로 들어가 싸우면 우리 판옥선끼리 부딪칠 염려가 있습니다. 또 근처에 숨을 수 있는 섬들이 많아서 적이 싸우다가 불리해지면 뭍으로 달아날 것입니다. 그러나 한산도는 거제와 고성 사이에 위치하므로 달아날 곳이 없고, 뭍에 오르더라도 먹을 것이 없어 굶어 죽을 것입니다. 적을 한산도 앞바다로 유인합시다."

그리고 함대를 조금씩 한산도 쪽으로 이동하도록 한 다음 판옥선 5, 6척을 시켜 앞장서서 나오던 왜선 2척을 따라잡을 듯 추격하도록 했다. 그러자 포구 안에 진을 치고 있던 왜선들이 일제히 돛을 달고 조선의 판옥선을 잡으러 나왔다. 이순신의 유인 작전에 말려들기 시작한 것이었다.

왜선을 추격하던 이순신의 함대가 달아나는 척하면서 배를 돌려 후퇴하기 시작했다. 왜선들은 의기양양하여 앞뒤 가리지 않고 전속력으로 따라 나왔다. 드디어 조선과 왜의 함대 모두가 한산도 앞바다에 이르렀다. 이때 이순

신은 북을 치면서 모든 배들에게 새로운 명령을 내렸다.

"뱃머리를 돌려라!"

조선의 연합함대는 어느 한 척도 머뭇거리지 않고 삽시간에 배를 돌려 마치 학이 날개를 벌리듯이 왜선들을 가운데 집어넣고 양쪽으로 포위해 버렸다. 그리고 선두에 서 있던 왜선을 향해 집중적으로 포화를 퍼부었다. 예상치 못한 공격을 받은 왜군의 배들도 반격을 개시했으나, 이미 선두에 있던 배 두세 척에 불이 붙으면서 부서지기 시작했다. 선두의 배가 무너지는 것을 본 왜군들은 갈팡질팡하면서 뱃머리를 돌려 조선 수군의 공격을 피해 견내량 안으로 다시 달아나려 했다. 그런데 순간 바닷물의 흐름이 멈추고, 뱃머리를 돌리려던 왜선은 오도 가도 못한 채 바다 한가운데서 발이 묶이고 말았다.

조선의 병사들은 함성을 울리며 왜군의 배에 총탄과 화살을 퍼부었다. 순식간에 왜선 59척이 부서졌다. 4백여 명의 왜군은 움직이지 않는 배를 버리고 한산도로 기어올라 도망갔다. 또 나머지 왜선 14척은 싸우지도 않고 뒤에서 지켜보다가 견내량을 지나 가덕 쪽으로 달아났다. 그들을 뒤쫓으려던 조선 수군의 함대는 날이 저물고, 하루 종일 계속된 싸움에 병사들이 지쳐 있었기에 견내량으로 이동하여 밤을 보냈다. 그날 싸움으로 죽은 왜군의 수는 9천여 명에 이르렀으며, 왜선 73척 중 12척을 빼앗았고, 47척을 불태웠다. 배와 병사의 수가 적보다 턱없이 모자랐음에도 큰 승리를 거둔 것이다.

이튿날 아침, 달아난 왜선을 찾아내기 위해 이순신은 다시 가덕 쪽으로 뱃머리를 돌렸다. 해가 저물 무렵 이순신에게 왜선 40여 척이 안골포에 정박하고 있다는 소식이 전해졌다. 그러나 그날은 바람이 심하게 불고 날도 어두워져 거제도에 함대를 머물게 하고 밤을 지냈다.

다음 날인 10일 안골포에 이르렀을 때 이순신은 새로운 작전을 세웠다. 우선 우수사 이억기는 포구 바깥에 진을 치고 뒤에 남아 혹시 있을지도 모를 왜군의 기습에 대비하도록 했다. 그리고 이순신의 함대가 포구 안으로 들어가 싸움을 시작하면 그때 이억기도 일부 병사만을 남겨 두고 포구 안으로 들어와 싸움에 합세하도록 지시했다.

이순신과 원균이 함대를 이끌고 포구 안으로 들어가자, 왜선 42척이 세 개의 진을 이룬 채 닻을 내리고 있는 것을 볼 수 있었다. 한가운데에는 삼층 누각이 있고 휘장을 두른 커다란 배가 정박해 있었다. 왜군 대장의 배가 분명했다. 포구 안은 지형이 좁고 물이 얕아서 썰물 때에는 바닥이 드러나기 때문에 판옥선과 같은 큰 배는 마음대로 움직이기 힘들었다. 이순신은 다시 큰 바다로 적을 유인하려는 작전을 시도했다. 그러나 이틀 전 한산도 앞바다에서 크게 패한 경험이 있는 왜군들은 꼼짝도 않은 채 바깥 바다로 나올 생각을 하지 않았다.

어쩔 수 없이 이순신은 계획을 바꾸어 5척의 거북선만을 포구 안으로 들여보낸 다음, 판옥선 몇 척이 번갈아 안으로 들어가 왜선을 포격하도록 명령을 내렸다. 그리고 이억기가 거느린 수군의 일부를 상륙시켜 육지에서 왜군의 배를 공격하도록 했다. 싸움은 하루 종일 계속되었다. 왜군과 조선의 수군 모두에게 힘겨운 싸움이었다.

삼층 누각이 세워져 있던 왜군 대장의 배가 포 공격을 가장 많이 받아 그 배에 탔던 왜군들은 거의 목숨을 잃었다. 그러나 그 배는 방어 장치가 잘 되어 있는 든든한 배라서 쉽게 가라앉지 않았다. 마침내 왜군은 대장의 배를 중심으로 뭉쳐 포구 밖으로 빠져나가 부산 쪽으로 도망쳤다. 나머지 왜군들은 배를 버리고 뭍으로 올라가 달아났다. 이 싸움에서 왜군은 42척의 배를 잃었고, 2천5백 명이나 목숨을 잃었다.

11일에는 양산강과 김해 포구, 감동 포구를 돌며 왜군이 머물러 있는지 샅샅이 뒤졌으나 왜군의 자취를 찾을 수 없었다. 12일 낮에 한산도에 다다르니, 며칠 전 한산도 싸움 때 달아났던 왜군 4백여 명이 지친 모습으로 해변을 헤매고 있었다.

그러나 이순신이 이끄는 수군이 출전한 지 6, 7일이 지나 식량이 떨어진 데다, 금산의 왜군이 전주까지 들어왔다는 급한 소식이 전해졌다. 전라도를 지켜야 하는 이순신은 할 수 없이 한산도에 남아 있는 왜군의 토벌을 원균과 거제도 병사들에게 맡긴 채 뱃머리를 여수 본영으로 돌렸다.

한산도와 안골포 싸움은 병력으로나 지리적인 조건으로나 이순신의 함대에 절대적으로 불리한 것이었다. 뛰어난 작전과 침착한 지휘 능력이 없었다면 이길 수 없는 싸움이었다. 덕분에 조선 수군 연합함대는 단 한 척의 배도 잃지 않았으며, 19명의 전사자와 114명의 부상자가 생겼을 뿐이었다. 다치고 죽은 병사들은 노비 출신이 대부분이었으나, 이순신은 장계 속에 그들의 지위와 이름을 모두 적어 넣었다. 또 죽은 사람을 후하게 장사지내 주었으며, 그 가족들의 생계를 보장하도록 조치를 취했다. 또한 이순신은 큰 승리를 거둔 공로로 정헌대부로 승품되었다.

한산도 싸움으로 왜군은 부산포에 갇혀 발목을 잡힌 상황이 되었다. 또한 육지에서 승승장구하며 기고만장하던 왜군의 사기를 꺾는 결정적인 역할을 했다. 이 승리의 의미를 유성룡은 《징비록》에 다음과 같이 기록했다.

적은 원래 수군과 육군이 힘을 합하여 서쪽으로 올라오려 했던 것인데, 한산도에서의 싸움으로 한 팔이 잘려 버리고 말았다. 때문에 왜군의 대장 고니시가 비록 평양을 얻었지만 형세가 외롭고 약해져서 감히 더 나아가지 못했다. 그래서 우리나라에서는 전라, 충청으로부터 황해, 평안에 이르는 바다와 해안선을 확보하여 군량 보급과 명령 전달의 길을 삼을 수 있었다. 또 요동 반도의 김주, 복주, 해주, 개주, 천진까지 왜군의 힘이 미치지 않았기에 명의 군대가 육로로 나올 수 있었다. 모두 이순신이 이 싸움에서 큰 승리를 거둔 공이니, 어찌 하늘의 도움이 아니겠는가?

부산포 해전의 승리

이순신이 한산도와 안골포에서 큰 승리를 거둘 무렵, 북쪽에서는 선조 임금의 요청을 받고 명나라의 구원병이 압록강을 건너오고 있었다. 또 나라 안 곳곳에서는 왜군에게 가만히 당할 수만은 없다는 울분 하나로 변변한 무기도 없이 일어난 의병들이 고군분투하는 중이었다.

여수 좌수영으로 돌아온 이순신은 열흘 동안 왜군의 움직임을 지켜보면서 전라 좌우도의 연합함대를 더욱 단단히 정비하는 일에 힘을 기울였다. 바다에서 벌인 세 차례의 싸움에서 큰 승리를 거두기는 했지만, 조선에서 왜군을 완전히 몰아내려면 무엇보다도 그들의 연락과 보급의 기지인 부산을 공격해야 했다. 왜군은 부산을 통해 조선에 상륙한 이후, 부산포에 늘 5백여 척 이상의 배를 정박해 두고 6, 7만 명의 병사를 주둔시켜 놓았다. 그들은 부산을 통해 본국과 연락을 취했으며, 부산을 총사령부로 삼아 침략의 전진기지로 만들었다. 이순신은 부산에 있는 왜군의 주력 함대를 쳐부수지 않고서는 전쟁을 끝낼 수 없다는 사실을 알고 있었다.

그러나 부산에 있는 왜군의 함대는 전라 좌우도와 경상도의 수군이 힘을 모아도 도저히 당해낼 수 없을 만큼 막강한 전력이었다. 이순신은 육군과의 연합작전으로 부산을 공격할 수 있기를 간절히 바랐다. 그러나 조선의 육군은 이미 싸울 능력도 의욕도 잃은 채 명나라에서 구원병이 오기만을 기다리고 있는 상태였다. 어쩔 수 없이 이순신은 자신이 지휘하는 수군 연합함대에만 의존할 수밖에 없었다. 한산도에서 여수로 돌아온 후 이순신은 부산포의 왜군을 쳐부수기 위한 준비를 시작했다. 배 20여 척을 새로 만들고 총통화기도 다시 손질했으며, 병사들도 새로 모집했다. 또한 8월 1일부터는 전라 좌우도의 수군이 여수 앞바다에 모여 부산을 공격하기 위한 특별 훈련을 거듭했다. 거의 한 달에 걸친 맹훈련이었다.

8월 24일 오후에 전라 좌우도의 연합함대는 여수를 떠났다. 저녁 무렵에 노량에 이르러 잠시 닻을 내렸다가 다시 자정에 달빛을 받으며 배를 몰아 사천 모자랑포에 다다랐다. 날이 밝았으나 사방에 짙은 안개가 끼어 있었다. 다음 날 아침에 안개가 걷히자마자 다시 배를 이동하여 삼천포를 지나 당포에 이르렀고, 그곳에서 경상 우수사 원균과 만났다. 왜군의 움직임을 자세하게 물은 뒤 함께 당포에서 밤을 지냈다.

며칠 동안은 비바람이 심하게 몰아쳐서 바다가 잠잠해질 때까지 기다렸다가 배를 이동했다. 견내량을 거쳐 칠천도를 지나 서원포를 건넜다.

여수를 떠나온 지 닷새 정도 지났으나 이순신의 함대는 왜군의 배를 한 척도 발견할 수 없었다. 불과 한 달여 전에 견내량과 당포, 한산도, 안골포에서 왜군과 치열한 싸움을 벌였던 것을 생각하면 이상한 일이 아닐 수 없었다. 이날 이순신은 육지로 보낸 정찰대로부터 왜군이 모두 부산에 모여 있다는 사실을 확인하고 가덕도의 천성 서쪽에 이르러 밤을 지냈다.

이튿날에야 비로소 장림포에서 큰 배 4척, 작은 배 2척을 타고 양산에서 빠져나오는 왜군들과 마주쳤다. 그들은 이순신의 함대를 보고 달아나다가, 경상 우수영의 수군들이 추격하자 배를 버리고 뭍으로 도망갔다. 다시 조선 수군의 연합함대는 두 편으로 나뉘어 양산강과 김해강을 거슬러 올라가면서 왜군의 자취를 샅샅이 뒤졌다.

9월 1일 새벽에 연합함대는 가덕도 북쪽에서 출발하여 부산을 향해 나아갔다. 몰운대를 지날 때 왜선 5척, 다대포 앞바다에서는 8척, 서평포에서 9척, 더 나아가 절영도 앞바다에서 2척을 발견했다. 대부분 조선 배보다 덩치가 큰 배들이었으나 왜군은 싸울 생각을 않고 해안 가까이에 배를 붙이더니 육지로 올라가 달아났다. 조선 수군의 여러 장수들이 왜군이 버리고 간 배를 부수고 태워 버렸다.

이순신은 절영도 안팎을 살펴본 뒤, 작고 빠른 배 한 척을 부산 앞바다로 보내 왜군의 동태를 탐색하고 오게 했다. 오후에 돌아온 탐색선은 왜선 5백여 척이 부산 포구에서 동쪽 산기슭까지 늘어서 있고, 선두에 선 배 4척은 초량목까지 나와 있다고 보고했다. 왜군의 배가 5백 척이나 된다는 말에 병사들은 물론 여러 장수들까지 긴장과 두려움을 억누를 수 없었다. 그러나 이순신은 침착한 태도로 위엄 있게 말했다.

"우리 수군이 적의 위세에 눌려 지금 공격하지 않고 돌아간다면 반드시 적은 우리를 업신여기고 뒤쫓아 올 것이다. 이곳에서 목숨을 바쳐 다 함께 싸울지언정 싸우지도 않고 다시 돌아갈 수는 없다. 내가 앞장설 테니 모두들 뒤를 따르라."

이순신은 나팔수에게 나팔을 불게 한 후, 병사들의 사기를 북돋아 주는 독전기를 직접 휘두르며 총공격 명령을 내렸다. 조선 수군의 연합함대는 우부장 정운, 거북선 돌격장 이언량, 전부장 이순신, 중위장 권준, 좌부장 신호의 순서로 부산진 포구로 쳐들어갔다.

왜군은 커다란 배 4척을 앞장세워 조총을 발사하면서 맞대응하기 시작했다. 그러나 이순신의 연합함대가 퍼붓는 포화를 당해내지 못하고 순식간에 무너지면서, 배에 타고 있던 왜군들이 바다로 뛰어들어 육지로 달아났다. 사기가 오른 조선 수군들은 우부장 정운을 앞세워 470여 척의 왜선이 늘어서 있는 포구를 향해 돌진했다. 그런데 동쪽 절벽 밑에 세 군데로 나뉘어 진을 치고 있던 왜선들은 상황이 급박해지면 뭍으로 도망갈 생각을 해서인지 도무지 바다로 나오려 하지 않았다. 왜군의 배는 그 크기가 조선 수군 배의 세 배나 되는데도 전혀 공격할 기미를 보이지 않는 것이었다.

이순신은 거북선을 앞세우고 만 안으로 들어갔다. 그러자 갑자기 왜선이 정박해 있는 위쪽 절벽 여섯 군데에서 일제히 포탄이 날아왔다. 동시에 왜군들이 배와 산 위에서 총과 화살을 쏘아 대기 시작했다. 왜군은 조선 수군의 배를 포구 깊숙이 끌어들인 다음, 절벽 위의 유리한 위치에서 공격을 감행하기로 미리 계획한 것이었다. 이순신 함대의 장수들은 당황하지 않고 죽을힘을 다해 싸웠다. 온갖 화기와 화살이 다 동원되었으며, 하루 종일 치열한 싸움이 계속되었다. 그러는 가운데 판옥선에 타고 있던 우부장 녹도 만호 정운이 머리에 왜군의 포탄을 맞고 장렬히 전사했다.

날이 저물기 시작하자, 이순신은 거북선을 앞으로 내세웠다. 거북선 세 척이 어둠 속에서 왜선에 접근하여 대포를 쏘면서 옆구리를 들이받았다. 날이 어두워지자 높은 절벽에서 포탄을 퍼붓던 왜군들이 더 이상 싸움을 계속할 수 없었다. 조선 수군의 배가 어디에 있는지 분간할 수 없었기 때문이었다. 포구 안을 한 바퀴 돌면서 야간 공격을 마친 이순신은 함대에게 뒤로 물러나라는 명령을 내렸다. 함대는 밤새 배를 몰아 가덕도 앞바다로 돌아가 밤을 보냈다.

가덕도에서 하룻밤을 지낸 후 이순신의 함대는 여수 본영으로 돌아갔다. 공격을 중단하고 돌아가게 된 이유를 이순신은 조정에 올리는 장계에 다음과 같이 썼다.

위로 올라간 적들이 나라 곳곳에 꽉 차 있는데, 그들이 돌아갈 길을 끊어 버리면 막다른 골목에 몰린 도적이 될 염려가 있습니다. 적은 수륙 양면으로 공격해야 쓸어버릴 수 있는 데다, 싸움하는 도중에 바람이 불고 물결이 높아 배들이 서로 부딪쳐 부서진 곳이 많았습니다. 그러므로 배를 수리하고 군량을 넉넉히 준비한 후, 적들이 육지에서 크게 몰려 내려오는 날 수륙

으로 함께 공격하게 되기를 기다리기로 했습니다…….

　부산포 해전에서 연합함대는 왜선 1백여 척을 부수고 헤아릴 수 없이 많은 왜군의 목숨을 빼앗았으며, 그들의 배에 실려 있던 많은 양의 식량과 무기 등을 부산 앞바다에 가라앉혔다. 그러나 이 싸움은 이순신과 연합함대에게도 매우 힘든 싸움이었다. 무엇보다도 큰 싸움이 있을 때마다 앞장서서 싸우던 녹도 만호 정운이 희생되었다. 이순신은 남다른 열정과 늠름한 기운을 가진 정운 장군을 잃어버린 것을 매우 애석해하며 슬퍼했다. 여수 본영으로 돌아온 후에 이순신은 정운 장군의 명복을 빌며 그를 기리는 글을 직접 지어 바쳤고, 이대원 사당에 같이 모시게 해 주기를 청하는 장계를 조정에 올려 선조 임금의 허락을 받았다.

의병의 활약

왜군이 서울을 점령한 지 얼마 뒤부터 나라 안 곳곳에서는 백성들이 스스로 삶의 터전을 지키기 위해 무기를 들고 일어섰다. 의병장은 이름 있는 유생이나 지방 관리를 지낸 적이 있는 사람들이었으나, 의병들은 대부분 농민이나 노비 같은 이름 없는 민중들이었다.

곽재우, 김천일, 고경명, 조헌이 이끌던 의병들처럼 병사들의 숫자가 많아서 왜군들과 정면으로 맞서 싸운 경우도 있었지만, 대부분은 적은 숫자에 무기도 변변치 않았기 때문에 기습으로 적을 교란시키는 유격전법을 많이 썼다.

곽재우는 경상도 의령에서 군사를 일으켜 창녕, 합천 등 낙동강 주변에서 왜군을 괴롭혔다. 왜군들은 낙동강을 이용하여 군수물자들을 많이 실어 날랐는데, 곽재우는 한밤중에 어둠을 틈타 기습하고 빠지는 전략을 사용했다. 그는 주로 왜군의 군량미를 빼앗았으며, 왜군을 수없이 사살했다. 곽재우는 싸움에 나갈 때 언제나 붉은 옷을 입었기 때문에 '홍의 장군' 이라 불렸다.

고경명은 전라도 담양에서 6천 명이 넘는 의병을 일으켜, 선조 임금이 머물고 있는 평양으로 향하다가 금산에서 왜군과 맞닥뜨렸다. 그곳에서 용감히 싸우다 고경명은 아들과 함께 전사했다. 후에 그의 큰아들 종후가 다시 의병을 일으켜 진주에서 싸우다 전사했다.

충청도에서는 조헌이 지역 유생들과 함께 공주와 청주를 오가며 의병을 모집해 옥천에서 봉기했다. 이들은 차령에서 왜군을 물리치고, 온양, 정산, 홍천, 회덕 등 여러 고을에서 1천6백여 명의 의병을 모았다. 그리고 승병장 영규가 이끄는 5백여 명의 승병과 함께 청주성을 공격하여 왜군들로부터 성을 되찾기도 했다. 이들이 관군과 함께 금산을 공격하기로 약속하고 금산으로 내려갔으나 어쩐 일인지 관군은 나타나지 않았다. 수적으로 훨씬 우세한 왜군과 금산에서 맞붙어 이들은 마지막 한 사람까지 싸우다 죽었다. 후에 전사한 의병들의 시체를 거두어 한 무덤을 만들고 '금산 7백 의총'이라 불렀다.

승병들의 활약도 두드러졌다. 묘향산의 휴정대사는 수천 명이 넘는 승병을 거느리고 왜군과 맞서 싸웠으며, 전국 각 사찰에 관군을 도와 왜군을 무찌르라는 격문을 보내기도 했다. 그의 제자였던 유정(사명대사)은 평양을 수복하는 싸움에서 가장 힘든 모란봉 지역을 맡아 승리했다. 그리고 서울 수복전에서 승병들은 수락산을 맡아 싸웠다. 유정은 연로한 휴정에게서 지휘권을 넘겨받아 왜군 대장 가토와 평화 회담을 하기도 했으며, 전쟁이 끝난 뒤에는 사신으로 일본에 건너가기도 했다.

한편 의능과 수인은 이순신 밑에서 승병을 지휘하면서 약한 병력으로 왜군에 대항해야 했던 수군에 요긴한 힘을 보탰다.

5. 삼도수군통제사가 되다

바다와 육지를 동시에 방어하다

이순신이 바다에서 힘겹게 싸우며 승리를 거두고 있는 동안 육지에서는 곳곳에서 일어난 의병이 유격전으로 혹은 관군과 힘을 합해 왜군과 맞서 싸우며 승리와 패배가 엇갈리는 상황이 펼쳐졌다. 왜군은 왜군대로 이순신 함대에 의해 서해로 올라가는 길이 막혀 본국으로부터 식량과 군수물자를 전달받는 데 어려움이 많았다. 마침내 오랜 기간 굶주린 왜군들은 근거지인 부산이 있는 경상도로 몰려 내려오기 시작했다. 부산, 동래, 경주, 웅천, 김해 등지에 모인 왜군들의 숫자는 5만을 넘었으며, 틈만 나면 전라도를 넘보았다.

부산포에서 승리한 다음 여수 본영으로 돌아온 이순신은 육지의 방어에도 신경을 써서 왜군이 전라도 쪽으로 넘어오지 못하도록 길목마다 병사들을 두어 지키게 했다. 또한 절에 있는 승려들과 병적에 이름을 올리지 않고 있는 사람들을 샅샅이 찾아내어 육군으로 활용했는데, 이 소문을 듣고 자발적으로 모여든 승병이 4백여 명에 이르렀다. 이순신은 이들을 구례, 광양 등지로 보내 왜군을 막도록 했으며, 필요에 따라 육지와 바다의 전투에 두루 참여하도록 했다.

이와 같이 육지에서 왜군을 막는 일에도 힘을 다했지만, 수군으로서 이순신의 임무는 우선 바다를 방어하는 것이었다. 물론 물결이 거센 겨울 동안 바다 위에서 왜군과 전투를 벌이는 것은 무리였다. 그러나 봄에 다시 전투를 시작할 때까지 대비해야 할 일이 많았다. 무엇보다도 3, 4백 척이나 되는 왜선에 맞서기 위해 배를 만들었고, 또한 여러 차례 싸움으로 다치고 목숨을 잃어 숫자가 많이 줄어든 병사들을 새로 모집했다. 많은 병사들에게 먹일 군량을 준비했으며, 활과 화살, 총통과 탄환 등 무기를 보충하고 손질했다.

이 모든 준비를 이순신은 나라의 도움 없이 혼자 힘으로 해결해야 했다. 조정에서는 도움을 주기는커녕 병사를 모집해서 백성들의 원성을 사지 말라는 지시를 내리거나 종이나 대나무 같은 전라도의 특산품을 임금이 있는 의주로 올려 보내라는 공문을 보내기도 했다. 또한 수군의 병사들을 마음대로 뽑아내어 육군으로 쓰려고 하기도 했다. 이순

신은 장계를 올려 수군을 육군으로 뽑아 가지 말 것이며, 수군과 육군을 분리해서 명령을 내리는 계통도 분명히 해 달라고 건의했다.

한편 전쟁을 할 때 가장 필요한 화약을 준비하는 데 있어서도 이순신은 조정의 도움을 청하지 않고 제조법을 연구하여 자체적으로 화약을 만들어 썼다. 이순신이 조정에 올린 장계에 이런 사실들이 잘 나타나 있다.

> 신의 군관 훈련 주부 이봉수가 화약 만드는 법을 알아내어 석 달 동안 염초 1,000근을 제조했습니다. 이것을 본영과 각 포구에 나눠 주었으나, 석류황만은 달리 나올 곳이 없으므로 감히 100근 정도 내려 보내 주심을 청하나이다.

이순신은 무인으로서 전투와 전쟁 준비에만 신경을 썼던 것은 아니었다. 추운 겨울이었음에도 왜군을 피해 고향인 경상도를 떠나 여수까지 피난 온 백성들을 보살피는 일도 게을리 하지 않았다. 계사년(1593년) 1월 26일의 일기에는 이렇게 씌어 있다.

> ……영남의 피난민들이 2백여 호 이상 본영 경내에 들어와 살고 있다. 각각 임시로 겨울을 날 수 있도록 했으나, 지금은 구호할 물자를 마련할 수 없다. 비록 전쟁이 끝난 뒤에 제 고향으로 돌아간다 하더라도 당장 눈앞에

서 굶주리는 모습은 차마 볼 수 없다. ……피난민이 있을 곳을 생각해 보니 돌산도만 한 곳이 없다. 이 섬은 본영과 방답 사이에 놓여 있고, 산으로 둘러싸여 적이 들어올 길이 사방으로 막혀 있다. 땅도 넓고 기름지므로 피난민들을 이곳으로 옮겨 살게 하고 방금 봄갈이를 시켰다…….

또한 이순신은 피난민들에게 말을 기르게 해 전쟁에 사용할 수 있게 했으며, 한산도로 진영을 옮긴 후에는 순천, 흥양 등지까지 피난민에게 농사를 짓도록 해서 군량을 확보하기도 했다. 이런 이순신의 모습에서 그가 전투 능력이 뛰어난 장군이었을 뿐만 아니라 백성들을 지혜롭게 돌볼 줄 아는 인자한 지도자였음을 알 수 있다.

웅포 해전

전투를 할 수 없는 겨울 내내 전쟁 준비와 피난민을 돌보는 일에 힘을 기울이던 이순신에게 의주로 피난 간 임금이 왜군을 공격할 것을 명하는 두 차례의 편지를 보냈다. 명나라의 이여송이 평양과 개성을 되찾고 왜군을 계속 남으로 밀어붙일 것이니, 도망가는 왜군을 바다에서 쳐부수라는 내용이었다. 이 명령을 받고 이순신은 크게 기뻐했다. 그가 늘 바라고 조정에 건의해 왔던, 육지와 바다에서 왜군을 동시에 공격하는 일이 이루어지게 되었기 때문이다.

이순신은 왜군을 몰아내려면 부산을 공격해서 그 근거지를 쳐부숴

야 한다는 것을 늘 염두에 두고 있었다. 그러나 부산으로 가는 길목인 웅포에 왜군의 함대가 머물러 있었다. 왜군은 군수물자를 수송하는 중요한 통로인 낙동강을 지키기 위해 그곳에 철저한 방어기지를 구축하고 있었다. 따라서 부산을 치기 위해서는 먼저 웅포를 공격해야 했다.

계사년(1593년) 2월 6일, 이순신은 함대를 거느리고 여수 본영을 떠났다. 7일에 견내량에 이르러 경상 우수사 원균의 함대와 만났고, 8일에는 전라 우수사 이억기의 함대와 만나 연합함대를 이루어 칠천량으로 나아갔다. 배를 새로 만들어 42척으로 늘어난 이순신의 함대를 합쳐 연합함대는 모두 89척의 배로 이루어졌다. 날씨가 궂어 하루를 그곳에 머물렀다가 다음 날 배를 움직여 웅포에 닿았다.

웅포 앞바다에서 보니 왜선들이 줄지어 포구 깊숙이 정박하고 있었고, 왜군들은 험한 산등성이에 성을 쌓고 굴을 파서 숨어 있었다. 이순신은 함대를 보이지 않게 숨겨 두고, 작고 빠른 배를 포구 안으로 들여보내 왜선을 바깥 바다로 이끌어 내는 작전을 썼다. 그러나 경계심이 강한 왜군들은 쉽게 속지 않았다. 작은 배 몇 척이 포구 밖으로 나오는가 싶더니 다시 안으로 들어가 버리는 것이었다. 그런 일이 여러 번 되풀이되었고, 고르지 않은 날씨에도 이순신의 함대는 며칠 동안 웅포 앞바다를 지키며 기다렸다.

2월 18일, 마침내 왜선 10여 척이 유인작전에 말려들어 포구 밖으로 나왔다. 섬 그늘에 숨어 있던 배들이 한꺼번에 달려들어 포를 쏘아 댔다. 금빛 투구를 쓴 왜장이 화살을 맞아 배 안에서 쓰러졌고, 헤아릴 수 없이 많은 왜군이 목숨을 잃었다.

그러나 그 이후로는 아무리 유인해도 왜군은 포구 밖으로 나올 생각을 하지 않았다. 기다리다 못한 이순신은 다른 전략을 사용했다. 오래전부터 힘을 합해 싸워 온 승병들과 의병들을 배에 태워 웅천 동쪽에 상륙시켰다. 또 전라우도의 여러 장수들의 배들을 동쪽으로 보내어 육지로 올라가는 체하도록 했다. 그러자 왜군들이 당황하여 갈팡질팡하기 시작했다. 이때 이순신 함대의 배들이 포구 안으로 돌진하여 왜선을 깨뜨리고 포를 쏘아 왜군들을 쳐부수었다. 예상하지 못했던 공격으로 왜군은 큰 피해를 입었다.

그러나 가리포와 발포에 있던 조선 배 네 척이 명령도 받지 않은 채 돌입하다가, 물이 빠지는 때에 얕은 여울에 걸려 나오지 못하고 왜군에 의해 불타 버렸다. 이것은 바다에서 싸우기 시작한 이래 처음으로 입은 손실이어서 이순신은 매우 안타까웠다.

그날은 소진포로 돌아가 밤을 보냈고, 3월 6일 새벽에 출항하여 웅천으로 갔다. 왜군은 재빨리 산으로 올라가 진을 쳤고, 이순신의 함대는 포와 화살을 비 오듯 쏘아 댔다. 이때 왜군은 많은 사상자를 냈다. 그날은 칠천량으로 돌아갔고, 후에 한산도를 거쳐 4월 3일에 여수 본영으로 돌아왔다.

여수를 떠난 후 이순신은 거의 한 달에 걸쳐 웅포에 정박하고 있는 왜군에게 일곱 번의 공격을 가했다. 왜군이 해안선을 따라 진을 치고 바다 가운데로 나오려 하지 않았기 때문에 큰 싸움은 없었지만, 적을 유인하는 작전을 쓰면서 승군을 활용하여 20여 척의 왜선을 부수고 많은 왜군을 사살했다. 그러나 바다로 나오려 하지 않는 적을 상대로 육군의 도움 없이 싸우는 것은 힘든 일이었다. 웅포와 거제에 주둔하고 있는 왜군은 철저하게 방어만 할 뿐, 절대로 싸우려 하지 않았다. 그렇다고 왜군의 본거지인 부산으로 쳐들어갈 수도 없었다. 부산에 정박해 있는 왜선의 숫자는 8백여 척이 넘었다. 육지에서의 도움 없이 수군의 연합함대가 단독으로 무작정 쳐들어가는 것은 무모한 일이었다. 하지만 육군에서는 아무 연락이 없었고, 두 달가량 배를 타고 다닌 병사들도 지쳤으며, 농번기가 다가와 급하게 해결해야 할 문제들이 많았다. 이순신은 연합함대를 해체하고 여수로 돌아갈 수밖에 없었다.

웅포 해전에서 돌아온 후 이순신은 다음과 같은 장계를 조정에 올렸다.

……곳곳에 머무르고 있는 왜군들은 여전히 굳건히 버티고 있습니다. 그러나 농번기가 되어 비가 많이 내렸으나 연해안의 여러 진이 모두 출전하였고 전라 좌우도에서 출전한 수군이 모두 농민이라 농사지을 일손이 없습니다. 농사를 짓지 못하면 가을 추수를 바랄 수도 없습니다. 우리나라 8도 중 오직 호남이 조금 안전하여 군량의 대부분이 이 도에서 나오는데, 장

정들이 모두 전쟁에 나가 일꾼이 없어 봄 한 철이 지나도록 들판이 쓸쓸합니다. 백성들이 생업을 잃어버릴 뿐 아니라 전쟁에 필요한 물자마저 구할 수 없을까 염려되옵니다. ……그러므로 우선 교대로 들어가 농사를 짓게 하고 또한 병든 군사를 간호하며 군량을 준비하고, 배를 수리하면서 명나라 군이 내려오면 기회를 보아 다시 바다로 나가 싸우겠습니다.

명과 일본의 평화 회담

임진년(1592년) 7월, 5천여 명의 병사들을 이끌고 압록강을 건너온 명나라의 조승훈은 평양까지 밀고 내려갔으나, 평양성에서 왜군의 대장 고니시 유키나가의 기습을 받고 다시 요동 땅으로 물러났다. 그해 12월에 4만 대군을 이끌고 온 명나라 장수 이여송은 안주에 사령부를 설치하고, 이듬해에는 조선의 관군, 의병들과 힘을 합해 평양성을 공격했다. 그때 명나라 군대는 새로운 무기인 대포를 가지고 왔다. 엄청난 소리를 내는 대포알이 날아가 성안에 떨어져 주변에 있는 것을 몽땅 부숴 버리자 왜군들은 깜짝 놀라 달아나기 시작했다. 왜군의 조총은 명나라의 대포를 당해낼 수 없었다. 명나라 군대는 공격을 시작한 지 하루 만에 평양성을 되찾을 수 있었다. 이것을 시작으로 이여송은 개성을 되찾고 임진강을 건너 파주에 이르렀다. 파주에서도 왜군의 대응이 없자 명나라 군대는 서울을 눈앞에 둔 벽제에 진을 쳤다.

벽제에서 마침내 명의 군대와 왜군은 치열한 전투를 치렀다. 명나라 병사들은 말을 타고 싸우는 기병이었고, 왜군은 보병이었다. 한겨울이었으므로 눈이 녹자 땅이 질척이기 시작했다. 싸움은 길어지는데, 진창에서는 말들이 자유롭게 움직일 수 없었다. 여기저기서 말들이 왜군의 창에 찔려 쓰러졌고, 명나라 병사들은 비명을 지르며 죽어 갔다. 결국 벽제 전투에서 명나라 군대는 크게 패하고 말았다. 그 후로 이여송은 왜군과 맞부딪쳐 싸우는 것을 피했다. 명나라 군대는 평양까지 물러간 다음, 왜군 대장 고니시에게 심유경을 보내 평화 회담을 서둘렀다.

이때 왜군들 역시 평화 회담을 원하고 있었다. 명나라 군대를 벽제에서 물리치기는 했지만, 그해 2월에는 행주산성에서 권율 장군에게 크게 패하여 왜군의 세력은 꺾이고 있었다. 뿐만 아니라 서해안과 전라도를 철통같이 방어하고 있던 이순신 때문에 군량과 병사의 이동이 불가능했고, 유행병까지 발생하여 왜군 병사들의 사기는 말이 아니었다. 또한 도체찰사 유성룡의 지시를 받은 관군과 의병들이 수원 및 이천 등지에서 왜군이 후퇴하는 길을 막을 계획을 세우고 있었다. 이렇게 되자 왜군 또한 더 이상 싸우려 하지 않고 명나라 군대와 화의를 맺으려 애썼다. 남쪽으로 내려가 영남과 호남의 중요한 장소들을 점령한 다음, 전쟁 준비를 다시 할 시간을 끌어 보려는 속셈이었다.

전쟁은 조선 땅에서 벌어졌으나, 평화 회담은 명과 일본 사이에서 진행되었다. 두 나라 사이에서 스스로의 힘으로 나라를 구할 방법을 갖고 있지 못했던 선조 임금은 그들 마음대로 합의하는 평화 회담에 반대하거나 의견을 내지도 못했다. 따라서 정유재란이 일어나기까지 4년 동안, 조선 땅에서 왜군을 완전히 몰아내지도 못하고 그들에게 새롭게 전쟁 준비를 할 시간을 벌어 주게 되었다. 명나라의 군대도 대국에서 왔다는 자존심을 내세우며 나라 곳곳에서 왜군 못지않게 백성들을 괴롭혔다.

마침내 4월 1일에 명의 장군 이여송이 보낸 사절 심유경이 서울에서 고니시 유키나가와 평화 회담을 열었다. 명나라가 제시한 화의 조건은 매우 까다로운 것이었으나, 왜군은 전략상 그것을 받아들일 수밖에 없었다.

첫째, 일본은 함경도에서 사로잡은 조선의 두 왕자를 대신들과 함께 즉시 송환하라.

둘째, 일본은 조선의 옛 땅을 모두 돌려주고 부산까지 후퇴하라.

위의 두 조건이 모두 이행되어야 화의를 허락한다.

왜군이 서울에서 물러나기 시작한 것은 4월 18일 무렵이었다. 뒤따라 충청, 강원 등 여러 곳에 흩어져 있던 왜군들도 남쪽으로 내려오게 되었으며, 이들은 주로 경상도 해안 지방으로 모여 울산에서 동래, 거제까지 연결되는 열여덟 군데에 성을 쌓고 오랫동안 머무를 움직임을 보였다. 명나라와 조선 군대도 남쪽으로 천천히 이동하여 왜군과 맞섰다.

부산으로 물러가던 왜군은 비겁하게도 조선군만이 지키고 있던 진주성을 공격했다. 진주성은 남쪽 해안 지방의 중요한 요새였고, 임진년 10월에 목사 김시민의 결사적인 대응으로 왜군이 발을 들여놓지 못했던 곳이기도 했다. 왜군은 부산에 모인 5만의 대군을 모아 진주성을 포위했다. 진주성에서는 관군과 백성 가릴 것 없이 마지막 순간까지 여드레 동안이나 격렬한 싸움을 계속했지만, 결국 왜군에게 무너져 버리고 말았다. 진주성이 함락된 후의 비참한 모습이 《징비록》에는 이렇게 기록되어 있다.

……군인과 백성 6만여 명이 죽고 닭과 개 같은 가축도 남지 않았다. 왜적들은 성을 무너뜨리고 해자를 메웠으며, 우물을 묻어 버리고 나무를 베는 등 제멋대로 분풀이를 했다. 그때가 6월 28일이었다.

삼도수군통제사가 되다

이순신이 왜군의 움직임을 살피면서 전쟁 준비에 힘쓰고 있을 무렵, 경상도 해안에 주둔한 왜군들은 호시탐탐 전라도 해안을 넘보고 있었다. 이 사실을 알게 된 조정에서는 계사년(1593년) 5월 2일에 이순신에게 바다로 나가 왜군을 막으라는 명령을 내려 보냈다. 이순신은 좌수영의 배들을 결집시키고, 이억기에게도 조정의 명령을 전했다. 그리고 5월 7일 바람으로 인해 물결이 매우 높았음에도 이억기의 함대와 만나 경상도로 향했다. 그동안 부지런히 배를 만들었으므로 이억기가 이끌고 온 함대와 합하니 연합함대의 배는 모두 202척이나 되었다. 다음 날 저녁에는 2척의 배를 이끌고 나타난 원균과 합세하였다.

그런데 견내량에 도착한 10일 이순신은 조정으로부터 명나라 장수 송응창의 지시를 받아 부산을 공격하라는 명령을 받았다. 이순신은 이 달갑지 않은 명령에 대해 8백여 척의 대함대가 진을 치고 있는 부산을 함부로 공격하기 힘들고 육군과 힘을 합하는 작전이 필요하며, 수군을 더 늘려야 한다는 내용의 장계를 올렸다.

우선 부산을 공격하려면 부산으로 가는 길목인 웅천, 제포, 안골포 등지에 진을 치고 눌러앉은 왜군 함대들을 먼저 쳐부수어야 했다. 그렇지 않으면 앞뒤에 적을 놓고 싸우는 꼴이 되므로, 절대로 이길 수 없는 싸움이기 때문이었다. 또한 육지에 진을 치고 바다로 좀처럼 나오지 않는 왜군을 몰아내 줄 육군의 도움도 절실히 필요했다. 고작 두 척의 배를 갖고 온 원균을 보아도 알 수 있듯이 조선 수군의 병력은 왜군과 상대가 되지 않았다. 이순신은 조정에 충청도 수군을 보내 달라고 간절히 요청했다. 그러나 바다의 사정이 어떤지 확실히 알지도 못한 채 조정에서는 명나라 장수의 지시를 받아 부산을 공격하라는 명령만 되풀이할 뿐이었다.

이 무렵 웅포에는 무려 9백여 척이나 되는 왜선들이 모여들었다. 그들은 이순신의 함대를 무너뜨린 다음 서해로 나가는 뱃길을 뚫어 다시 서울을 공격하려는 계획을 세우고 있었다. 6, 7월에 걸쳐 왜군은 10여 척의 배를 띄워 조선 수군을 유인했다. 그들은 큰 바다에서 많은 배를 동원해 이순신의 함대를 포위한 다음 완전히 쳐부술 속셈이었다. 이순신은 이러한 왜군의 전략을 꿰뚫어 보고 있었다. 따라서 바다에서 왜군을 만나도 끝까지 뒤따라가지 않도록 함대에게 지시했다. 생각 같아서는 바로 웅포로 나아가 왜군을 공격하고 싶었으나 그러려면 반드시 육군과의 연합작전이 필요했다. 1백여 척에 불과한 배로 8, 9백 척이 넘는 적을 상대한다는 것은 아무리 용맹한 장수라 해도 불가능한 일이었기 때문이다.

결국 이순신은 조·명 연합군이 남쪽으로 내려올 때까지 왜군이 전라도 해안과 서해안으로 올라오지 못하도록 막아야 한다는 결론을 내렸다. 그는 서해안으로 올라가는 길목인 한산도 앞바다와 견내량을 마지막 방어선으로 삼기로 했다. 그래서 여수에 있는 좌수영의 진을 한산도로 옮기게 해 달라는 건의를 했고, 마침내 조정에서도 승낙이 떨어졌다.

한산도는 산들이 바다를 둘러싸고 있어서 포구 안으로 배가 들어오면 바깥 바다에서는 들여다볼 수 없다는 장점이 있었다. 게다가 전라도와 서해안으로 올라가려면 반드시 통과해야 하는 길목이었다. 한산도 앞바다에서 통쾌한 승리를 거둔 적이 있는 이순신은 이곳 지리와 물길에 밝았기 때문에 적을 쉽사리 유인해서 싸울 수 있는 곳이기도 했다. 견내량 길목에서 왜군이 쳐들어오는 것을 기다렸다가 먼저 앞장서서 오는 배를 차례로 공격해 기세를 꺾는다면 수백만 명의 왜군이 몰려온다 해도 막아 낼 수 있다는 게 이순신의 생각이었다. 실제로 이순신이 한산도에 진을 치고 있는 동안 왜군은 전라도 지방에 발을 붙일 수 없었다.

한산도로 진을 옮긴 지 한 달이 지난 8월 15일에 이순신은 삼도수군통제사에 임명되었다. 충청·전라·경상 삼도의 수군을 모두 지휘할 수 있는 권한을 가진 자리였다. 전쟁이 길어지면서 수군의 역할이 점점 중요해졌고, 전라도와 경상도의 수군이 힘을 합하여 왜군과 싸울 수밖에 없는 상황에서 모두를 지휘할 수 있는 사람이 꼭 필요했기 때문이다.

이순신이 통제사로 임명된 후, 명과 일본이 화의를 맺기 위한 협상은 4년 가까이 지루하게 계속되었다. 전쟁은 이렇다 할 변화가 없었고, 왜군들은 웅천, 창원, 김해 등지에 견고한 성을 쌓고 그 속에서 꼼짝도 하지 않은 채 바다로 나올 기미를 보이지 않았다. 그러나 이순신은 경계하는 마음을 늦추지 않고 이따금 정탐선을 띄워 왜군의 움직임을 살폈다. 왜군이 해안가에 나타나 백성들에게 행패를 부릴 때마다 조선 수군이 출전하여 왜선을 수십 척씩 부숴 버리는 일들이 여러 번 되풀이 되었다. 그러자 왜군은 이순신이라는 이름만 들어도 무조건 숨어 버렸다.

통제사가 되어 4년 가까운 세월 동안 한산도에서 지내면서 이순신은 큰 싸움을 치르지는 않았다. 그러나 조선 수군의 기틀을 든든히 하면서 언제든지 싸움에 임할 수 있도록 많은 준비를 했다. 우선 모든 장수들이 자유롭게 의견을 말하고 작전을 짤 수 있는 장소인 운주당을 마련했다. 그는 항상 운주당에서 일을 했으며, 그곳에서 먹고 잤다. 기록에 보면 이순신은 한산도에 머무르는 동안 잠을 잘 때에도 띠를 풀지 않았다고 한다. 언제라도 싸울 준비가 되어 있는 장수의 태도였다.

또한 무엇보다도 중요한 문제인 군량을 해결하면서 동시에 피난민을 먹고 살게 하기 위해 밭을 갈고, 고기를 잡거나 그릇을 만들게 했다. 그것들을 팔아서 마련한 군량이 한산도의 통제영 곳간에 늘 수만 석씩 쌓여 있었다.

그 밖에도 그는 왜군이 가진 새로운 무기인 조총에 관심을 갖고 어떻게 하면 그것보다 더 파괴적인 힘을 가진 무기를 만들 수 있을지 궁리하곤 했다. 그 결과 '정철총통'이라는 새로운 무기를 만들어 내기도 했으며, 새로운 배를 만들고 화약을 제조하는 일도 게을리 하지 않았다.

이순신이 한산도에서 이룬 여러 업적 중에서 가장 눈에 띄는 것은 전주까지 가지 않고도 진중에서 과거를 볼 수 있도록 한 것이었다. 그는 바다에서 왜군과 싸우느라 과거에 응시할 기회를 갖지 못한 병사들을 위해 조정에 장계를 올렸다. 승진하려는 의욕을 가진 병사들을 북

돌아 주는 것이 수군 전체의 사기를 올리는 데 도움이 되리라는 생각
이었다.

들건대, 12월 27일에 전주에서 과거 시험장이 열릴 것이라 하오나 바다
위에 있는 병사들은 물길이 멀고, 또 제 날짜에 도착하기 어려울 뿐 아니라
적과 마주하고 있는 때에 뜻밖의 일이 있을지도 모르기에 속해 있는 병사
들을 모두 한꺼번에 보낼 수가 없습니다. 그러므로 수군에 소속된 병사들
은 경상도의 예에 준하여 진중에서 시험을 볼 수 있도록 그들의 마음을 풀
어 주기를 바랍니다……

마침내 조정의 허락을 받아 1594년 4월에 한산도에 과거 시험장을
열 수 있었다. 그리고 사흘간 시험을 치른 후에 백 명의 합격자를 내어
병사들의 사기를 올려 주었다. 이처럼 이순신은 병사들의 마음을 헤아
릴 줄 아는 너그러운 지휘관이었다. 그러나 규율을 어기거나 게으름을
부리고 명령에 복종하지 않는 병사는 용서하지 않고 반드시 벌을 내리
는 엄격함을 지니기도 했다. 칭찬할 일에는 어김없이 상을 내리고, 잘
못한 일에는 누구에게도 예외가 없는 공정함 때문에 여러 장수들과 병
사들은 항상 그를 따르고 존경했다.

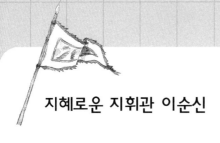

지혜로운 지휘관 이순신

이순신은 바다로 싸우러 나갈 때마다 '찐쌀'을 병사들의 식량으로 배에 싣도록 했다. 찐쌀은 우리 조상들의 비상식량으로 밥을 하여 볕에 말린 것이다. 쪄서 말렸으므로 무게와 부피가 줄면서 오래 보관할 수 있었다. 병사들은 찐쌀을 넣은 자루를 조롱박과 함께 허리에 매달고 전쟁을 했다. 배가 고프면 조롱박에 물을 담아 찐쌀을 부어 불린 후 그것으로 요기를 했다.

당시의 싸움배들은 나무로 만들어져 있었기 때문에 불을 피워 밥을 하기가 어려웠고, 바다 위는 습기가 많아 군량미가 쉽게 상했다. 찐쌀은 밥하는 시간이 필요 없고, 밥의 영양가는 그대로 보존하고 있었으므로 병사들의 건강을 유지할 수 있다는 점에서 요긴했다. 우리 수군은 바다 위에서 전투를 하다가도 배가 고프면 언제나 허리에 차고 있던 찐쌀을 먹을 수 있었다. 언제라도 배를 채울 수 있는 병사들은 굶주린 적에 비해 언제나 싸우려는 의욕으로 가득 차 있을 수밖에 없었다.

또한 이순신은 당시에 보통 사용하던 화살인 장전을 대체할 수 있는 새로운 화살을 만들었다. 장전은 명중률이 높지 않았고, 자신이 쏜 화살이 적을 맞히지 못하면 적이 그 화살로 자신을 쏘는 일이 종종 있었다. 이와 같은 일을 막기 위해 이순신은 편전이라고 하는 짧은 화살을 만들었다. 편전의 길이는 지금의 볼펜 길이 정도였다. 이 짧은 화살을 원래 있던 큰 활에 끼워 쏘기 위해 이순신은 동아라는 것도 만들었다. 동아를 끼워 활을 쏘면 날아가는 것은 편전이라는 짧은 화살뿐이었다. 따라서 적이 편전을 주워도 그것을 다시 사용할 수는 없었다.

이순신은 통신방법도 개발했다. 그 당시에 전투하는 배 위에서 서로 의사 전달을 할 수 있는 방법은 소리와 깃발뿐이었다. 소리는 먼 곳까지 가지 못하고, 깃발은 다양한 의사소통이 어렵다는 단점이 있었다. 이순신은 함대를 지휘할 때 깃발에 색깔을 넣었다. 청색은 동쪽, 적색은 남쪽, 백색은 서쪽, 흑색은 북쪽, 황색은 가운데를 의미했다. 따라서 적이 동쪽에서 오면 청색 깃발을 올려 동쪽을 방어하라고 알리고, 남쪽으로 피하라는 것을 알리기 위해서는 적색 깃발을 올리는 방식을 사용했다.

이순신이 불리한 조건에서도 늘 승리할 수 있었던 것은, 전투에 임하면서 아무리 사소한 것이라도 부족한 점을 찾아내고 연구하여 보완하는 지혜의 힘이 컸다.

6. 이순신의 수난

명나라 장수로부터 패문을 받다

갑오년(1594년) 봄이 되자 겨울 동안 여러 포구의 성곽 안에서 꼼짝 않고 들어앉아 있던 왜군들이 진해만 서쪽까지 들락거리면서 백성들을 괴롭히기 시작했다. 명과 일본의 화의 협상이 한창 무르익어 갈 무렵이라 왜군은 더욱 마음을 놓은 듯 해안에 나타나 노략질을 하고 민가를 불태우며 행패를 부렸다.

이것을 지켜보며 벼르고 있던 이순신이 드디어 3월 3일 삼도 연합함대를 조직하여 한산도에서 배를 띄워 출전했다. 그리고 이튿날 당항포에서 왜군과 전투를 해서 21척의 적선을 불태웠다. 그 다음 날도 해안선을 따라 올라가다가 마주친 왜선 10척을 공격해서 깨 버렸다. 그리고 나서 이순신의 함대는 진해만 일대를 돌면서 요란하게 포를 쏘았다. 그 소리에 놀란 왜군들이 모두 바다에서 철수하여 산속으로 숨었다.

흥도 앞까지 나아간 3월 6일 이순신은 남해 현령 기효근으로부터 명나라 선유도사인 담종인이 보냈다는 패문(牌文)[21]을 받았다. 패문의 내용은 "왜군을 공격하지 말라"는 것이었다. 담종인은 명나라와 왜군이 화의를 맺는 일을 진행하기 위해 계사년 11월부터 웅천에 머무르고 있었다. 그런데 봄이 되면서 이순신이 왜선들을 공격하기 시작하자, 겁을 먹은 왜군들이 담종인을 설득해서 공격을 중지하라는 패문을 만들어 보낸 것이었다.

열병에 걸려 여러 날 동안 몸이 불편했음에도 공격을 감행했던 이순신은 패문을 받고 부득이 한산도로 돌아와야 했다. 당시에는 임금인 선조도 명나라 장수가 서울에 오면 몸소 찾아가 허리를 굽혀 인사를 해야 할 정도였으므로, 통제사에 불과한 이순신이 명나라 대신의 명을 거역한다는 것은 있을 수 없는 일이었다. 그러나 병으로 고통스러워하면서도 이순신은 손수 패문에 대한 답신을 보냈다.

……보내신 패문의 말씀에 "일본 장수들이 모두 제 나라로 돌아가려고 하니, 너희들도 속히 각기 제 고장으로 돌아가 일본 진영에 가까이 다가와 트집을 일으키지 말도록 하라"고 하셨습니다. 그러나 왜군들이 진을 치고

있는 거제, 웅천 등지가 모두 다 저희 땅입니다. 그런데 저희보고 일본 진영에 가까이 다가오지 말라고 하는 것은 무슨 말이며, 속히 제 고장으로 돌아가라 하니, 제 고장이란 어디를 말씀하시는 것인지 알 수 없습니다. 트집을 일으킨 자는 저희가 아니라 왜군들이며, 더욱이 왜군들은 간사하고 변하기를 잘하여 예로부터 신의를 지켰단 말을 들은 적이 없습니다……

조선의 임금조차 업신여기는 오만한 명나라 대신에게 변방에 있는 한 장수가 부당한 것을 부당하다고 당당히 항의한 것이다. 이순신의 기개가 엿보이는 일이었다.

이순신의 병세는 깊어져 이후로도 열흘 이상 열이 내리지 않았다. 그는 앉지도 눕지도 못할 정도로 괴로워했다. 그러나 부하들과 아들, 조카들이 누워 쉬기를 간절히 권해도 이순신은 "적과 싸울 때 승패는 숨 한번 쉴 사이에 결정된다. 장수된 자로서 죽지 않았거늘, 어찌 편히 누워 쉴 수 있으랴"라고 말할 뿐이었다. 그는 심하게 앓는 동안에도 앉아서 집무를 보려고 애썼다.

이 무렵 이순신은 경상 우수사 원균과의 불편한 관계 때문에 더욱 시달리고 있었다. 원균은 함경도의 국경 지방에서 많은 공을 세운 후, 여러 벼슬을 거쳐 경상 우수사의 자리에 올랐다. 진급의 순서로 따지자면, 나이와 직급이 위인 원균이 이순신보다 먼저 삼도수군통제사에 임명되었어야 했다. 그러나 원균은 처음 왜군이 침략했을 때, 경상 우수영의 함대를 모두 불태워 버리고 배 3척만 가지고 달아났다가 나중에 이순신 함대에 합류했다. 반면에 이순신은 상대적으로 병력이 약한 함대를 가지고도 왜군과 맞서 연이은 승리를 거두었다. 이런 이유로 원균이 아니라 이순신이 통제사에 임명된 것이었지만, 원균은 마음속으로 불만을 가지고 있었다. 왜군이 처음 쳐들어왔을 때, 이순신이 재빨리 원군을 보내주지 않았다며 원망하고 있었고, 한때 자신보다 지위가 낮았던 이순신의 지휘를 받는다는 것을 견딜 수 없어 했다. 원균은 술에 취해 이순신을 찾아와 행패를 부리기도 했고, 조정 대신들에게 뇌물을 바치며 이순신을 모함하기도 했다.

또한 이순신은 신중하고 치밀한 성격이라 승산 없는 싸움은 아예 시작하지도 않는 장수였지만, 원균은 앞뒤 재지 않고 용맹함으로 돌격하는 맹장이었다. 대조적인 성품인 두 사람에게 의견의 차이가 있는 것은 당연한 일이기도 했다. 원균은 이순신이 부산에 진을 치고 있는 왜군의 주력 부대를 공격하지 않는다고 비난했고, 조정에도 같은 내용의 보고를 올리곤 했다. 갑오년(1594년) 8월 30일 이순신의 일기를 보면 다음과 같이 씌어 있다.

김양간이 영의정의 편지를 가져왔는데, 분개할 내용이 많이 쓰여 있다. 원 수사의 일은 몹시 해괴하다. 내가 주저하고 진격을 하지 않는다고 말했다는데, 이는 천 년을 두고 한탄할 일이다.

부산 같은 넓은 바다에서 어마어마한 숫자의 왜군과 그 3분의 1도 안 되는 이순신의 함대가 정면 대결을 한다는 것은 무모한 일이었다. 실제로 원균 또한 이순신의 후임으로 통제사에 임명된 다음에 부산을 공격하라는 명령을 따르지 않았다. 그로 인해 그는 도원수 권율에게 불려가 곤장을 맞았으며, 어쩔 수 없이 칠천량에서 무모한 싸움을 벌였다가 조선 수군 전체가 무너져 버리는 대패를 당했다.

　원균과의 불화를 견디다 못해 이순신은 갑오년 말에 통제사의 자리에서 물러나고 싶다는 장계를 조정에 올렸다. 조정에서도 원균과 이순신의 불화에 대해 알고 있었으나, 전쟁 중에 통제사를 바꿀 수 없다는 이유로 원균을 육군인 충청 병사로 임명했다. 그러나 원균과 이순신의 불편한 관계는 계속되었으며, 남인과 유성룡을 제거하려는 당쟁의 불씨가 되기도 했다.

　원균이 충청 병사로 떠난 후 한산도 진중의 분위기는 안정되어 갔다. 하지만 이순신의 마음이 편안한 것은 아니었다. 명과 일본의 화의 회담이 무르익어 전쟁은 한고비를 넘긴 분위기였으나, 오랫동안 계속된 혼란으로 나라 곳곳에서는 굶어 죽는 백성이 넘쳐났고, 전염병까지 돌았다. 백성을 버리고 도망갔던 임금과 당쟁에만 여념이 없는 조정 대신들에게서 백성들의 마음은 떠난 지 오래였다. 임진년에 전쟁이 일어난 후부터 나라 안에는 도적 떼들이 넘쳐 났고, 굶주린 백성들과 힘을 합해 반란을 일으키기도 했다. 그 중에서도 병신년(1596년) 홍산에서 일어난 이몽학의 난은 규모가 컸으며, 이로 인해 호남의 의병장 김덕령이 억울한 죽음을 당하기도 했다.

끝나지 않는 전쟁과 혼란한 나라 상황, 멀리 떨어져 제대로 돌보지 못하는 가족들에 대한 걱정 등으로 이순신의 마음은 편안하지 않았다. 이 무렵에 그가 지은 것으로 알려져 있는 시에는 괴롭고 복잡한 그의 심경이 잘 드러나 있다.

> 한산섬 달 밝은 밤에 수루에 홀로 앉아
>
> 큰 칼 옆에 차고 깊은 시름하는 차에
>
> 어디서 일성호가(一聲胡茄)는 남의 애를 끊나니

백의종군의 길

정유년(1597년) 2월, 서울에서 의금부 도사가 한산도로 내려왔다. 이순신을 역모죄로 체포하기 위해서였다. 마침 배를 타고 바다에 나가 해안선을 순찰하고 있던 이순신은 이 소식을 듣고 급히 한산도로 돌아왔다. 그리고 새 통제사 원균에게 침착하게 직무에 관한 모든 일을 인계하고 죄인을 호송하는 수레에 올라탔다. 수레가 움직이자 병사들과 백성들의 울음소리가 한꺼번에 터져 나와 사방에 울려 퍼졌다.

서울에 도착하자마자 그는 투옥되었다. 그의 죄명은 첫째 조정을 속였으니 임금을 업신여긴 죄, 둘째 적을 공격하지 않고 나라를 등진 죄,

셋째 남의 공을 가로채고 남을 모함한 죄, 넷째 임금이 불러도 오지 않은 한없이 방자한 죄, 네 가지였다. 이러한 죄목으로 이순신은 심한 고문을 당했으며, 사형에 처할 위기에 놓였다. 이 소문을 들은 도찰사 이원익이 급히 상소문을 올리고, 이덕형, 유성룡 등도 임금의 마음을 돌리려 애썼으나 소용없는 일이었다. 이때 판중추부사[22]로 있던 정탁이 눈물로 써 올린 글이 선조의 마음을 움직여 이순신은 간신히 사형만은 면하게 되었다.

　이순신에게 붙여진 첫 번째 죄목인 '임금을 업신여긴 죄'란 이순신이 부산 왜영에 불을 질렀다고 보고한 것이 거짓으로 드러난 일을 말한다. 이것은 도체찰사 이원익이 군관 정희운에게 비밀리에 명령을 내려 정희운이 부산으로 내려가 왜영의 일부를 불태운 사건과 관련이 있었다. 그 무렵에 이순신 또한 거제 현령 등에게 부산 왜영을 몰래 둘러보고 오도록 지시한 일이 있었다. 명령을 받은 이순신의 부하들이 부산 왜영에 도착해 보니, 이미 그곳은 불길에 휩싸여 있었다. 그들은 돌아와 이순신에게 부산 왜영에 불을 지르고 왔다고 거짓으로 보고를 했고, 이순신은 그들의 말을 믿고 조정에 그 사실을 보고했다. 처음에 조정에서는 이순신과 그의 부하들에게 상을 내렸다. 그러나 나중에 그 일이 이원익의 계획에 의해 행해진 것으로 드러나자 선조 임금은 불같이 화를 내며 이순신을 불신하기 시작했다. 이에 대해 정탁은 "그것은 아랫사람들이 자신들의 공적을 자랑삼아 했던 말을 듣고 그 사실 여부를 확인하지 않고 조정에 보고한 것 같습니다. 그러나 이순신이 정신 병자가 아닌 이상 고의로 공적을 과장하지는 않았을 것입니다"라고 말하며, 고의적인 거짓말이 아님을 강조했다.

두 번째 '적을 공격하지 않고 나라를 등진 죄'란 요시라라는 간첩이 벌인 음모로 빚어진 일이었다. 왜장 고니시가 요시라를 경상 우병사 김응서에게 보내 "가토가 부산 앞바다로 건너오니, 그때 조선 수군이 그를 체포하도록 하라"는 정보를 흘렸다. 김응서는 이 사실을 조정에 긴급하게 보고했고, 조정은 이 정보를 근거로 수군을 출동시켜 가토를 바다에서 체포하라는 명령을 이순신에게 내렸다. 그러나 이순신은 조정의 명령을 따르지 않았다. 그 이유는 왜군의 간첩 말을 믿을 수 없으며, 그 말을 믿고 많은 배를 이끌고 나가면 적에게 노출될 염려가 있고, 적은 수의 배를 내보내면 왜선에게 협공당할 염려가 있다는 것이었다. 조선 수군의 병력이 왜군에 비해 턱없이 약했기 때문에 이순신은 큰 바다에서 싸우는 것을 꺼렸다. 그는 약한 병력으로는 한산도의 좁은 물길을 지키면서 왜군을 방어하는 것이 가장 효과적이라는 사실을 알고 있었다.

선조 임금은 요시라의 정보로 가토를 제거할 수 있었음에도 이순신이 이를 믿지 않고 바다에서 체포하지 않은 것에 대해 나라를 배신한 것이라 생각했다. 그러나 정탁은 다음과 같이 이순신을 변호했다.

"가토가 바다를 건너오기 전에 '조정의 비밀 명령'이 곧바로 이순신에게 전해졌는지 알 수 없으며, 풍랑으로 출항할 수 있었는지, 또 그 뱃길이 작전하기에 좋았는지, 조정에 있던 사람들은 그 사정을 옳게 판단할 수 없습니다. 수군의 입장에서는 함대를 소규모로 나누어 경비할 수밖에 없다는 사정 또한 이미 도체찰사의 장계에서도 밝혀진 바 있습니다. 우리 수군에게 나름의 사정이 있을 터인데, 왜군의 재침을 막지 못한 책임을 이순신 한 사람에게만 돌릴 수는 없습니다."

세 번째 죄목인 '남의 공을 가로채고 남을 모함한 죄'란 임진왜란 초기에 옥포에서 부산포 해전에 이르기까지 이순신이 잇달아 승리하여 상을 받은 것에 대해 원균이 이순신보다 한 등급 낮은 포상을 받은 일에 대한 것이었다. 이로 인해 원균이 노골적으로 불만을 표시한 것이 당쟁과 연결되어 심지어는 이순신이 원균의 공을 가로챘다는 주장까지 나왔던 것이다. 이에 대해 정탁은 이순신의 승리가 백성들에게 희망을 되찾게 했으며, 의병들이 힘써 싸우도록 사기를 올려 준 공이 컸음을 강조했다. 또한 원균은 적과 싸움을 하기도 전에 스스로 배를 불태워 침몰시켰기 때문에 원균에게는 병력이 전혀 없었음을 지적했다.

네 번째로 '임금이 불러도 오지 않은 죄'란 세자 광해군이 전주에 내려가 과거를 시행하고 명나라 장수와 전쟁의 상황에 대해 협의하면서 이순신을 부른 일이 있었다. 왜군의 침략을 효과적으로 막는 방안과 수군의 상황에 대해 협의하기 위해서였다. 당시 이순신은 급박한 전세로 인해 세자의 명령을 따르지 못했다. 이에 대해《선조실록》에는

"세자가 남쪽으로 내려가 사람을 보내 여러 번 이순신을 불렀으나, 이순신은 오지 않았다"라고 간단히 적혀 있다.

그 당시에 세자인 광해군은 왕권을 대행하고 있었으므로 세자의 호출은 왕명이었고, 그 명령에 따르지 않은 이순신의 행동은 그 이유가 무엇이든 왕명 거역에 해당되었다. 정탁은 이 문제에 대해 직접적인 변호를 하기보다는 전쟁에 임하는 장수의 역할의 중요성에 대해 강조했다.

"장수는 백성의 생명과 나라의 안전을 책임지는 사람입니다. 그 임무가 중대하므로 옛날부터 여러 왕들은 장수들에게 나라를 방어하도록 책임을 지워 준 후, 은혜와 신의를 베풀어 특별한 잘못이 없는 한 그들의 목숨을 보장해 주어 임무에 충실하게 했습니다."

정탁의 글은 이순신을 처형하면 전쟁의 상황이 크게 불리해질지도 모른다는 불안감을 갖고 있던 선조의 마음을 움직였다. 감옥에 갇힌 지 28일 만에 선조는 백의종군하라는 명을 내려 이순신을 석방했다. 죄목을 그대로 지닌 채 아무런 계급 없이 도원수 권율 밑에서 싸우라는 명이었다. 이순신에게는 두 번째 백의종군이었다.

이순신이 감옥에서 나와 열흘이 지난 4월 11일 그의 어머니가 세상을 떠났다. 여수에 머물고 있던 그의 어머니 변씨 부인은 아들이 서울로 잡혀 갔다는 소식을 듣고 배를 타고 아산으로 올라오는 중이었다. 배가 풍랑을 만나 엿새 동안이나 바다 위에서 떠도는 동안 여든셋의 나이에 힘든 여행을 견디지 못하고 변씨 부인은 배 위에서 숨을 거두었다. 이순신은 어머니를 마중하기 위해 바닷가에 나가 기다리고 있다가 슬픈 소식을 전해 들었다.

배 위로 올라간 이순신은 어머니의 시신을 끌어안고 몸부림치며 울었다. 억울한 누명을 쓰고 죄인이 된 아들을 만나러 오다가 객사한 어머니를 보는 마음을 그는 일기에 이렇게 표현했다.

해가 캄캄하게 보인다. 가슴이 찢어지는 것 같다. 빨리 죽기만 기다릴 뿐이다.

배 위에서 입관을 하고 아산에 있는 고향집으로 시신을 옮겼다. 장례 준비를 하고 있는데 공주에서 금오랑[23]이 찾아와 이순신에게 백의종군의 길을 재촉했다. 죄인의 몸이었으므로, 장례를 치를 새도 없었다. 이순신은 큰조카 뇌에게 장례를 부탁하고 남쪽으로 길을 떠났다.

슬픔과 억울함을 안은 채, 이순신은 모진 고문으로 지친 몸을 이끌고 노비들이 거처하는 허술한 방에 머물며 먼 길을 걸었다. 끼니를 거르는 때도 많았으며, 쏟아지는 빗속에서 하룻밤 묵어가는 것을 거절당한 적도 있었다. 이따금 온정을 베푸는 지방 관리나 백성들도 있었으나, 도원수 권율이 있는 순천까지 이순신은 백의종군하는 죄인으로 온갖 괴로움과 냉대를 겪으며 먼 길을 가야 했다. 순천에 도착하자, 권율은 군관을 보내어 이순신에게 조문한 후 "상중에 몸이 피곤할 것이니 회복되는 대로 나오시오"라는 명령을 내렸다.

순천에서 얼마 동안 휴식을 취한 후 그는 구례로 향했다. 구례에서는 도체찰사 이원익을 만났다. 도체찰사가 경상우도 해안의 지도를 그려 달라고 부탁했으므로 이순신은 해도를 그려 주었다. 그곳에서 며칠 머무르다 다시 비를 맞으며 길을 떠나 하동, 진주 등을 거쳐 모여리라는 곳에 도착했다. 석 달 동안의 긴 여정 끝에 이순신이 백의종군하며 머무르게 될 곳이었다.

정유재란과 원균의 패전

4년여를 끌어 오던 명나라와 일본의 평화 회담은 도요토미 히데요시의 무리한 요구로 중단되었다. 그러자 도요토미는 한강의 남쪽인 전라, 충청, 경상도와 강원도 일부를 일본의 영토로 만들겠다는 욕심을 가지고 조선을 침략할 준비를 했다. 그리고 정유년(1597년)에 가토에게 1만의 군대를, 고니시에게 7천의 군대를 이끌게 한 것을 비롯하여 육군과 수군을 합해 무려 14만의 대군을 동원해 또다시 조선으로 쳐들어왔다.

왜군은 이번에도 전과 마찬가지로 간첩 요시라를 이용하여 왜군의 대함대가 바다를 건너오고 있다는 정보를 흘렸다. 그러자 도원수 권율과 도체찰사 이원익은 그해 6월 초에 원균에게 "모든 배를 총동원하여 한편으로는 한산도 앞바다를 지키고, 또 한편으로는 배를 이끌고 큰 바다로 나가 왜군이 들어오는 길을 끊어 막으라"고 명령했다.

그러나 예전에 이순신이 주장했듯이, 원균 또한 웅포와 안골포 등지에 주둔해 있는 수많은 왜군을 뒤에 등지고 함부로 부산 앞바다에서 왜군 함대를 공격할 수는 없었다. 앞뒤로 협공을 당할 것이 불을 보듯 뻔했기 때문이었다. 원균은 도원수의 명령을 따르지 않은 채, 부산을 공격하기에 앞서 먼저 육군이 중간에 있는 안골포의 왜군을 공격해 달라는 장계를 올렸다. 그러나 같은 이유로 이순신이 통제사 자리에서 물러났으며, 그것을 문제 삼은 것이 원균 자신이었으므로 그의 건의는 쉽게 받아들여지지 않았다.

계속 나가 싸울 것을 명령하는 도원수의 독촉에 못 이겨 원균은 마침내 아무 계획 없이 안골포와 가덕도 등을 공격하기 위해 출항했다. 그러나 부산으로 가는 길에 강력한 왜군의 주력 함대를 만나 거제 칠천도로 피해서 돌아오고 말았다. 왜군은 하나도 사살하지 못했고, 보성 군수 안홍국과 평산포 만호 김축이 왜군의 탄환에 맞아 전사했을 뿐이었다.

원균의 패전 소식을 들은 도원수 권율은 분노를 참을 수 없었다. 지난날 이순신이 왜군을 공격하지 않는다고 비난을 일삼던 원균이 차일피일 출전을 미루더니, 결국 아까운 장수들만 잃어버리고 돌아왔기 때문이었다. 권율은 사천까지 원균을 불러들여 패전의 죄를 물으며 직접 곤장을 때렸다. 그리고 다시 싸우러 나갈 것을 명령하였다.

매를 맞는 수모를 당하고 한산도로 돌아온 원균은 7월 4일 다시 2백여 척의 배를 거느리고 부산으로 출전했다. 원균의 함대가 부산 앞바다의 절영도에 이르렀을 때, 이미 날이 저물고 있었고 바람이 점차 거세져 갔다. 그러나 배를 정박할 곳이 없었으므로 어쩔 수 없이 앞으로 나아갈 수밖에 없었다. 병사들은 병사들대로 교대도 하지 못하고 온종일 노를 저어 오느라 지쳐 있는 상태였다.

부산 앞바다에 들어와 있는 왜선은 1천여 척이었다. 그들은 싸우다 달아나는 척하고 다시 접근했다가 후퇴하면서 시간만 끌었다. 그러는 사이 밤이 깊어지고 물결까지 높아지자, 원균의 병사들은 기진맥진해서 제대로 노를 저을 기운조차 없었다. 이미 20여 척의 배는 떠내려가서 어디론가 자취를 감춘 후였다. 간신히 남은 배들을 이끌고 가덕도에 이르렀을 때, 갈증을 참을 수 없던 병사들이 앞 다투어 배에서 내려 물을 마셨다. 그러자 섬 안에 숨어 있던 왜군들이 갑자기 달려 나와 조선 병사들을 덮쳤다. 이 바람에 원균은 눈 깜짝할 새에 4백여 명의 병사들을 잃었다.

당황한 원균이 허겁지겁 함대를 이끌고 도망간 곳은 거제의 칠천량이었다. 녹초가 된 병사들은 싸울 의욕을 잃었고, 원균 또한 마찬가지였다. 그들은 칠천량의 외줄포에 틀어박혀 있었다. 이 사실을 알게 된 도원수 권율은 크게 노하여 7월 11일 원균을 고성으로 불러 다시 곤장을 때린 후, 부산으로 진격하라고 명령을 내렸다.

칠천량으로 돌아온 원균은 분하고 억울해서 술만 마시며 외줄포에서 꼼짝도 하지 않았다. 다시 부산의 왜군을 공격하자니 엄두가 나지 않았고, 한산도로 돌아가자니 도원수의 엄한 질책이 무서웠기 때문이었다. 경상 우수사 배설이 "칠천량은 물이 얕고 좁아서 큰 배를 부리기 어렵습니다. 다른 곳으로 옮겨야 합니다" 하고 건의했으나 원균은 듣지 않았다.

그러던 중에 7월 15일 밤 10시쯤 왜선 5, 6척이 갑자기 나타나 조선 수군의 배 4척에 불을 질렀다. 원균과 병사들이 당황하여 황급히 모여 진을 만들었으나, 새벽녘이 되자 헤아릴 수 없이 많은 왜선들이 들이닥치기 시작했다. 그들은 원균의 함대를 서너 겹으로 에워싸고도 끝도 없이 바다를 메울 정도였다. 원균의 함대는 싸우며 뒤로 물러섰으나 수없이 많은 왜선을 도저히 당할 수 없었다. 결국 고성 땅 춘원포까지 후퇴한 후, 원균은 배를 버리고 육지로 도망갔다. 조선 수군의 배는 모조리 깨지고 불탔으며, 병사들과 장수들도 목숨을 건진 이가 드물었다.

나이가 많고 몸이 무거웠던 원균은 육지로 달아나다 걷지도 못하고 맨몸에 칼을 찬 채 멍하니 소나무 아래 주저앉았다. 같이 달아나던 선전관 김식이 돌아보니 왜군 5, 6명이 원균에게 다가가고 있었다. 결국 원균은 왜군의 칼을 맞고 목숨을 잃었다. 경상 우수사 배설은 용케 살아남아 배 12척을 가지고 도망갔으나, 용감히 싸우던 전라 우수사 이

억기는 바다에 몸을 던져 자살했다.

칠천량 해전에서 처참하게 패배한 조선의 수군은 완전히 무너져 버렸다. 2백여 척의 배가 거의 다 파괴되었으며, 남은 것은 불과 12척이었다. 이순신이 4, 5년 동안 이루어 놓은 한산도 통제영은 한줌의 재가 되었다. 칠천량에서 먼저 빠져나와 한산도에 돌아온 배설이 섬에 있는 집과 곡식, 무기 등을 모두 불태우고 백성들에게 피난하라고 명령을 내린 뒤 어디론가 숨어 버렸기 때문이었다.

한산도의 방어선이 무너져 버리자, 왜군은 서쪽을 향해 물밀 듯이 쳐들어왔다. 남해와 순천, 남원이 차례로 왜군의 손에 들어가 버렸다.

7. 나라를 위해 몸을 바치다

다시 통제사가 되다

초계의 모여리에서 백의종군하고 있던 이순신에게도 원균이 이끌던 조선 수군이 칠천량에서 크게 패했다는 소식이 전해졌다. 자신이 일구고 키워 왔으며, 왜군에게 저항할 수 있는 단 하나의 가냘픈 희망이기도 했던 수군이 완전히 무너져 버렸다는 소식을 듣고 그의 가슴도 무너지는 것 같았다. 이윽고 도원수 권율이 이순신을 찾아왔다. 최고 지휘관으로서 빨리 대책을 세워야 할 권율로서는 이순신밖에는 의지할 사람이 없었다. 그러나 이순신으로서도 할 말이 없었다. 싸움에 패한 원인이나 남아 있는 수군이 어떤 상태인지를 직접 눈으로 보기 전까지는 신중한 성격의 이순신으로서는 아무런 대책도 제시할 수 없었다.

"제가 직접 해안 지방을 둘러보고, 여러 사람의 의견을 듣고 조사한 후에 방법을 건의하겠습니다."

이순신은 권율에게 이렇게 말할 따름이었다. 권율은 매우 기뻐하며 대답했다.

"그렇게 하면 오죽 좋겠소. 내가 대감을 대할 면목이 없소."

이순신은 그날로 권율이 배속시켜 준 여러 군관들을 데리고 경상도 해안 지방을 향하여 길을 떠났다. 그는 삼가현과 단성, 진주 등지를 돌고 굴동에서 잠시 휴식을 취한 후, 다시 곤양을 지나 노량에 이르렀다. 이곳에서 그는 예전에 자신의 부하였으며, 칠천량 해전에서 살아 돌아온 거제 현감과 영등포 만호 등을 만나 패전의 상황을 들었다. 또한 경상 우수사 배설도 만나 보았다. 다시 노량을 떠나 권율에게 그때까지 조사한 내용을 보고한 다음, 십오리원을 거쳐 운곡에 이르렀다. 그곳에서 그는 닷새 동안 머물면서 진주 목사 등과 전쟁이 돌아가는 상황, 그리고 앞으로의 일을 논의했다.

운곡에 머문 지 엿새째 되는 날 아침에 이순신은 통제사로 재임명한다는 선조 임금의 교서를 받았다. 지난날 통제사의 자리에서 내쫓고 사형에까지 처하려던 이순신을 위급한 상황이 되자 다시 통제사로 임명하려는 선조로서는 떳떳하게 할 말이 없었다. 따라서 임금의 교서는 간곡하게 당부하는 내용뿐이었다.

그대의 이름은 일찍이 수사의 책임을 맡겼던 때부터 드러났고, 또 공적은 임진년 대첩이 있은 뒤부터 크게 떨치어 백성과 군인들이 만리장성처럼 믿었소. 그러나 지난번에 그대의 직함을 갈고 그대로 하여금 죄인의 이름을 쓴 채 백의종군하게 했던 것은 사람의 지혜가 밝지 못한 데서 생긴 일이오. 그래서 오늘 이같이 패전의 욕됨을 당한 것이라 무슨 할 말이 있으리오. ……그대는 충의의 마음을 더욱 굳건히 하여 나라를 건져 주기를 바라는 짐의 소원을 풀어 주시오.

이순신은 임금이 계신 서울에 절을 올리고 그 즉시 전라도 구례로 출발했다. 그에게는 무기도 배도 없었다. 통제사로 임명한다는 임금의 교서 한 장과 권율이 배속해 준 군관 9명, 병사 6명뿐이었다. 게다가 이제 다시 새롭게 병사들을 모으고 배를 만들어서 밀어닥치는 왜군을 막아 내야 한다는 중대한 책임을 지게 되었다.

구례에 도착하니 온 고을이 텅 비어 있었다. 이튿날 지나간 곡성도 마찬가지여서, 이순신은 비어 있는 동헌에서 하룻밤을 지냈다. 다음날 옥과에 이르니, 비로소 피난민의 행렬을 만날 수 있었다. 이순신은 말에서 내려 피난민을 위로하고 현청으로 들어섰으나, 옥과 현감은 보이지 않았다. 군관을 보내 현감을 부르자 그제야 찾아와서 인사를 했다. 이곳에서 며칠 동안 병사들을 모은 다음, 이순신은 다시 순천을 향해 길을 재촉했다.

순천 성에 들어서니 왜군이 온다는 소문에 성 안에는 사람의 그림자를 찾아볼 수 없었고, 관청의 무기 창고는 문이 열린 채 내버려져 있었다. 이순신은 자신을 찾아온 혜희 스님에게 승려들을 모집해 승군을 조직하라고 이른 다음, 가벼운 무기는 군관들에게 나눠 갖도록 하고 총통 같은 무거운 무기는 땅에 묻은 후 다시 길을 떠났다.

낙안에 이르렀을 때, 이순신은 다시 피난민의 행렬을 만났다. 피난민들은 눈물을 흘리며 이순신을 환영했으며, 길에서 만난 노인들은 다투어 술병을 바치며 존경을 표했다. 그런데 낙안의 관청과 창고는 모두 잿더미로 변해 있었다. 왜군이 들어온다는 소문에 전라좌도 병사 이복남이 불을 지르고 피난을 간 것이었다. 조선의 전통적인 방어전법 중 '청야전법'이라는 것이 있다. 대항할 수 없을 만큼 막강한 적군이 쳐들어올 것 같으면 백성들은 식량과 무기를 갖고 산성으로 대피하고, 움직일 수 없는 시설물과 도구 등을 불태우는 전법이었다. 뒤늦게 도착한 적이 시설물과 식량 따위를 이용할 수 없게 하려는 것이다. 그러나 이 전법은 위급한 상황에서만 써야 하는데도 당시 전라좌도 병사는 막연한 소문만 듣고 싸워 볼 생각도 않은 채 무리한 청야전법을 시도한 것이었다.

그날 저녁 이순신은 보성 조양창으로 내려갔다. 그곳에서 열흘가량 머무르면서 옛 부하 장수들과 만나 여러 가지 상황을 점검한 후에 회령포로 가서 남아 있는 배들을 점검했다. 배들은 겨우 12척에 지나지 않았으며, 더욱이 경상 우수사 배설은 뱃멀미를 핑계로 이순신을 만나러 오지도 않았다. 다시 통제사가 된 후에 이순신에게 주어진 것은 150명 남짓한 병사들과 배 12척이었다. 이순신은 이곳에서 장수들을 모아놓고 통제사에 임명되었다는 임금의 교서를 보여 주었다. 여러 장수들이 교서에 절을 하는 것으로 이순신이 통제사가 되는 절차는 끝났다. 이 자리에 비로소 배설도 모습을 나타냈다.

그런데 이즈음 조정에서는 다시 이순신에게 수군을 포기하고 육지의 싸움에 임하라는 명령이 내려졌다. 수군의 병력이 너무 미약해서 도저히 왜군을 당하지 못하리라는 판단 때문이었다. 이순신은 곧 임금에게 장계를 올렸다.

임진년 이후 여러 해 동안 적이 충청도와 전라도를 넘보지 못했던 것은 우리 수군이 길목을 지키고 있었기 때문입니다. 신에게는 아직도 싸울 수 있는 배 열두 척이 있습니다. 죽음을 무릅쓰고 싸운다면 적을 물리칠 수 있습니다. 만일 수군을 모두 없앤다면 그것은 적들이 원하는 바입니다. 적들은 충청도를 거쳐 한강까지 올라갈 것입니다. 신이 염려하는 바는 바로 그것입니다. 비록 싸울 수 있는 배는 얼마 되지 않지만, 신이 죽지 않은 한 적이 우리를 업신여기지 못할 것입니다.

자신이 살아 있는 한 왜군이 조선 수군을 업신여기지 않을 것이라는

이순신의 신념은 죽음을 각오하고 나라를 구하겠다는 강한 의지에서
비롯된 것이었다.

명량 해전

수군에게 남아 있는 12척의 배를 이끌고 이순신은 어란포로 향했다.
어란포도 이미 관리들과 백성들이 모두 피난을 가서 동헌이고 여염집
이고 할 것 없이 텅 비어 있는 터라, 이순신은 며칠 동안 배에 머물렀
다. 그동안 왜선 10여 척이 조선 수군의 정황을 살피려는 듯 두어 번
포구로 다가왔다. 왜군들에게 크게 패한 바 있는 병사들은 겁을 먹고
달아나려 했으나, 이순신이 몸소 맨 앞에 나서서 북을 울리며 왜선을
공격하자 기운을 되찾아 왜선들을 쫓아 버렸다. 그러나 이순신은 왜군
들이 함대의 세력을 늘려 다시 공격해 오리라 예상하여 이튿날 벽파진
으로 함대를 이동했다.

오늘날의 진도군에 속하는 벽파진의 서북쪽에는 서해로 올라가는
유일한 길목이며 좁고 빠른 물길인 명량 해협이 있었다. 이순신이 함
대를 이끌고 벽파진으로 온 이유는 이곳을 마지막 방어선으로 삼기 위
해서였다. 예전에 한산도에 통제영을 설치할 때는 견내량을 전략적인
방어선으로 생각하고 왜군이 전라도로 들어오는 것을 막았으나, 원균
의 패전으로 방어선이 무너진 이상 서해로 올라가는 길목을 지키는 수
밖에 없었다. 미약한 병력으로 효과적인 방어를 하기 위해 좁고 물살

이 거센 명량 해협의 지형 조건을 이용하려는 것이었다.

명량은 양쪽 언덕 위에서 서로 손짓을 하면 알아볼 수 있을 만큼 매우 좁은 해협이고, 그 좁은 물길로 빠져나가려니 물살이 매우 세고 소리 또한 요란했다. 그 소리가 마치 바다 밑에서 돌이 울고 있는 것 같다고 해서 '울돌목'이라 불리기도 했다.

이순신의 함대가 벽파진에 머문 것은 정유년(1597년) 8월 말에서 9월 중순까지였다. 9월 7일경에 왜선의 움직임을 살펴보기 위해 내보냈던 군관이 어란포 앞바다에 왜선 13척이 나타났다는 정보를 가지고 돌아왔다. 이순신은 12척의 함대에게 싸울 준비를 하고 경계를 늦추지 말라는 명령을 내렸다. 이날 오후 네 시경에 12척의 왜선이 벽파진으로 들어왔다.

이순신은 출전 명령을 내리고 앞장서서 왜선을 공격했다. 왜선 12척은 지난번에 어란포에서 공격을 시도하다가 쫓겨 간 일이 있어 이번에는 배의 숫자를 늘려 공격을 시도하는 것처럼 보였다. 그러나 조선 수군의 강경한 반격에 왜선은 또다시 뒤로 물러섰다. 이순신은 달아나는 왜선을 추격하지 않았다.

기습을 당해 큰 패배를 맛보았던 원균의 칠천량 해전을 되짚어 보면서, 이순신은 반드시 왜군이 밤에 공격을 해 올 것이라고 생각했다. 그는 여러 장수들을 불러 모아 왜군이 어둠을 틈타 기습할지도 모르니 경계를 늦추지 말 것을 명령했다. 과연 그날 밤 열 시경에 왜군이 총포를 쏘며 쳐들어왔다. 두려워하는 병사들에게 이순신은 엄한 명령을 내려 포를 쏘며 공격하도록 독려했다. 왜선들은 공격했다가 물러서는 것을 여러 차례 반복하다가 마침내 공격을 멈추고 돌아갔다.

그로부터 사흘 후에 왜선 55척이 어란포 앞바다에 들어왔다는 소식이 전해졌다. 뒤이어 1백여 척이 넘는 왜선이 조선 수군을 완전히 무너뜨리기 위해 오고 있다는 정보가 전해졌다. 이순신은 우선 함대 주변을 떠나지 않고 모여 있는 피난민의 배들을 안전한 곳으로 떠나도록 설득했다. 그리고 함대를 우수영이 있는 해남으로 이동했다. 울돌목을 등에 지고 싸움을 하는 것이 불리하다는 판단 때문이었다. 이순신은 모든 장수들을 불러 모아 놓고 울돌목의 빠른 물살을 이용해 싸울 계획을 설명한 다음, 굳은 결의를 맹세했다.

"죽으려고 하면 살고 살려고 하면 죽는 법이다. 또 한 사람이 길목을 잘 지키면 천 사람도 겁을 먹는다는 말이 있다. 이 말은 모두 지금 우리를 두고 하는 말이다. 여러 장수들이 조금이라도 명령을 어기면 군법에 따라 작은 일이라도 용서 않고 처벌하겠다."

이순신의 말이 끝나자 여러 장수들은 칼을 들어 굳은 각오를 맹세했다.

9월 16일 이른 아침에 수많은 왜선이 쳐들어온다는 보고가 들어왔다. 이순신이 즉시 12척의 배에 출전 명령을 내리고 바다로 나가 보니, 왜선 133척이 명량 해협으로 들어오고 있었다. 수적 우세로 이미 기세

가 등등한 왜선들은 순식간에 조선 수군의 배 12척을 몇 겹으로 포위하고 포를 쏘기 시작했다. 나라를 구하기 위해 죽을 각오로 싸우자는 결의를 하고 나온 장수들이었지만, 10배가 넘는 왜선에게 포위당하자 싸울 의욕을 잃고 겁을 집어먹은 사람들도 있었다. 이순신은 달아날 듯 머뭇거리는 부하 장수들을 선두로 불러내 호통을 쳤다.

"너희가 군법에 죽고 싶으냐? 물러나면 살아남을 듯싶으냐?"

부하 장수들은 당황하여 배를 몰고 왜군의 함대 속으로 돌진했다. 왜군 대장이 탄 배를 포함한 3척의 왜선이 다가와 이순신 함대의 선두에 있는 배를 포위하고 공격하기 시작했다. 이것을 본 이순신이 배를 타고 쫓아가 왜군 대장이 탄 배에 빗발치듯 대포와 화살을 쏟아 부었다. 드디어 왜선 3척이 모두 가라앉기 시작했다. 물에 빠진 왜장의 목을 베어 돛대에 매달자, 이를 본 왜군들의 기세가 크게 꺾였다.

반대로 조선 수군은 사기가 하늘을 찌를 듯 올라 일제히 북을 울리며 화살과 포를 쏘아 댔다. 왜선들은 감히 대들지 못하고 공격했다가 물러나기를 거듭했다. 결국 이순신 함대의 맹렬한 공격에 31척의 왜선이 깨어져 침몰했다. 왜선들이 하나둘 달아나기 시작하자, 우수영 근처의 바다에서 싸움배로 위장한 채 전투를 지켜보던 피난민들의 배에서 환호의 함성이 울렸다. 12척의 배로 133척의 적을 물리친 기적 같은 승리였다. 이순신 또한 그날의 일기에 "이는 정말로 하늘의 도움이다"라고 적었다.

수군을 다시 일으키다

명량 해협에서 싸움이 끝난 후 이순신은 그 즉시 모든 배들을 이끌고 해남 우수영의 서북쪽에 자리 잡은 당사도로 진을 옮겼다. 죽을힘을 다해 싸운 병사들이 매우 지쳐 있었고, 여전히 많은 배들을 거느리고 있는 왜군의 함대가 밤에 다시 쳐들어올 위험이 있기 때문이었다. 당사도에서 하룻밤을 보내고 이튿날부터 이순신은 함대를 이끌고 서해안으로 올라가기 시작했다. 어외도와 칠산, 법성포, 홍농, 위도 그리고 고군산도까지 올라가 바다와 육지의 상황이 어떠한지 살펴보기 위해서였다.

그 무렵 육지에서는 서울을 향해 올라가던 왜장 가토의 군대가 직산 북쪽의 소사평에서 명나라의 군대에게 크게 패하여 북쪽으로 더 이상 나아가는 것을 포기한 상태였다. 정유년 10월에 접어들면서 날씨가 추워지자 왜군들은 겨울이 다가오는 것을 핑계로 전쟁을 멈추고 다시 남해안으로 모여들었다. 한편 남원과 전주를 함락시키고 금강까지 올라갔던 왜장 고니시도 해남을 거쳐 순천으로 후퇴했다. 왜군들은 울산에서 순천에 이르는 남해안을 따라 성을 쌓고 겨울 동안 그 안에 머무를 작정이었다.

피난민들로부터 왜군의 이런 움직임을 전해 들은 이순신은 순천과 가까운 해남의 우수영을 수군 기지로 사용하는 것이 위험하다는 판단을 내렸다. 그래서 일단 함대를 안편도로 옮기고 한 달여를 그곳에 머물렀다. 이즈음 이순신은 고문의 후유증으로 괴로워했으며 수군이 안고 있는 문제들 때문에 밤잠을 못 이루기까지 했다. 날씨가 추워지는데 병사들의 군복은 얇고 낡아서 바람을 막기 힘들 정도인데도 군복을 마련할 방법이 없었고, 군량 또한 이미 바닥이 나서 병사들은 굶주림을 호소하고 있었다. 이순신은 함대 주위를 따라다니는 피난민의 도움으로 가장 급한 의복과 식량 문제를 해결하는 수밖에 없었다.

10월 14일 저녁에 이순신에게 슬픈 소식이 전해졌다. 고향인 아산에서 둘째 아들 열이 편지 한 통을 보냈다. 셋째 아들 면이 왜군과 싸우다 전사했다는 내용이었다. 아버지를 많이 닮았던 면은 세 아들 중 가장 용기가 있고 영리하여 이순신의 사랑과 기대를 한 몸에 받던 자식이었다. 그즈음 면은 어머니를 모시고 아산에 머물러 있었다. 그런데 9월 중순경에 전주를 지나 서울로 진격하던 왜군이 아산을 지나면서 전투가 벌어졌다. 가족들은 모두 피난을 갔으나 스물한 살의 의로운 청년이었던 면은 활과 칼을 들고 뛰어나가 싸우다 전사하고 말았다.

이순신은 큰 소리로 울부짖으며 아들의 죽음을 슬퍼했다. 이 무렵의 일기에는 아들을 잃은 이순신의 슬픔이 생생하게 표현되어 있다.

하늘이 어찌하여 이토록 모질단 말인가. 간담이 다 찢어지는구나. 내가 죽고 네가 사는 것이 이치에 맞는 일인데, 어찌하여 네가 죽고 내가 살았단 말이냐. 하늘과 땅이 캄캄하고 빛이 보이지 않는다.

슬프다, 내 아들아! 날 버리고 어디로 갔느냐? 남달리 영특하여 하늘이 시기한 것인가? 내가 지은 죄가 너에게 미친 것이냐? 내가 이제 살아 있다고 한들 누구를 의지할 것인가? 너를 따라 같이 죽어 땅속에서 같이 지내고 같이 울고 싶건만 네 형과 누이, 네 어머니가 의지할 곳이 없기에 아직은 참고 살아야 한다만 마음은 죽고 형상만 남아 울부짖는다. 통곡하고 또 통곡하니 하룻밤이 일 년 같구나!

전사한 아들과 고향에 남은 가족들을 생각하면서 그는 며칠 동안 향불을 피우고 곡을 하기도 했다.

이렇게 큰 슬픔을 겪으면서도 이순신은 수군을 다시 일으키기 위한 노력을 게을리 하지 않았다. 날씨가 쌀쌀해지는 10월 말이 되자 겨울을 나기 위해 영산강 입구의 작은 섬인 고하도로 진을 옮겼다. 고하도는 교통이 편리하고 서북풍이 들이치지 않아 배를 감추기에 적당한 곳이었다.

이곳으로 함대를 옮긴 후 이순신은 병사들을 총동원하여 잠을 잘 수 있는 막사와 군량 창고를 짓고, 배를 만드는 일을 시작했다. 군량과 무기를 마련하기 위해 주위에 몰려든 피난민과 백성들의 배에 '해로 통행첩'이라는 배의 운항을 허가하는 통행증을 발급하고 세금을 걷었다. 또한 스스로 싸우려는 뜻이 있는 장정들을 모집하여 군사 훈련을 시켰다. 이러한 이순신의 노력을 지켜보던 백성들은 해로 통행첩을 받고 내는 세금뿐 아니라 스스로 구리와 쇠, 곡식과 의복 등을 갖다 바치기도 했다. 그 결과 겨울을 나고 다음 해 2월 중순경에 고금도로 진을 옮길 때는 조선 수군은 8천 명의 병사와 70여 척의 배를 거느린 함대로 거듭나게 되었다.

명나라 수군과 힘을 합치다

이순신이 다시 고금도로 수군의 진을 옮긴 것은 날씨가 풀리면서 남해안에서 차차 고개를 들기 시작하는 왜군을 막기 위해서였다. 고금도 일대는 지리적인 조건이 공격과 수비에 모두 알맞았고, 넓은 땅이 있어 피난민들이 농사를 지을 수 있었다. 그것은 병사들을 먹일 수 있는 식량을 마련하기가 쉬워진다는 의미이기도 했다.

고금도로 진을 옮기고 다섯 달이 지난 7월에 명나라 제독 진인이 5천의 병사들을 이끌고 고금도로 내려왔다. 진인과 그가 거느린 명나라 수군들은 몇 달 전에 이미 강화도에 도착해 머물고 있었는데, 이들은 성격이 난폭하고 거만해서 조선의 관리와 백성을 짐승 다루듯 멸시하고 괴롭혔다. 때문에 조정에서는 이순신에게 진인의 비위를 거스르는 일이 없도록 하라고 당부하는 공문을 비밀리에 띄우기도 했다.

조정의 지시뿐만 아니라 유성룡을 비롯한 여러 사람과의 연락을 통해 이순신은 진인의 성격을 이미 잘 알고 있었다. 또한 진인과 원만한 관계를 유지하여야 명나라 수군의 힘을 이용하여 왜군을 쳐부술 수 있다는 사실도 잊지 않았다. 그는 진인이 도착하는 날짜에 맞추어 산짐 승과 물고기 등을 잡아 술과 음식을 많이 준비했다. 그리고 진인이 도착한 7월 16일에는 정중하게 예를 다하여 먼 곳까지 마중을 나갔으며, 명나라 수군과 진인이 고금도 진영으로 들어오자 성대한 잔치를 열었다. 성질이 사납기로 소문난 진인도 이순신의 환대에 감사하며 즐거워했다.

이순신은 강직한 성품을 지니기도 했지만, 나라의 이익을 위해 오만한 대국의 장수를 설득하고 달래는 외교적인 능숙함을 갖춘 사람이었다. 이후에도 조·명 연합군이 싸워서 얻은 승리의 전과를 명나라 수군에게 돌리는 대신 전투의 지휘권은 이순신이 가질 수 있도록 하는 지혜로운 협상을 하기도 했다. 그러나 날이 갈수록 명나라 병사들의 행패가 심해져 심지어는 백성들의 재산을 빼앗는 일까지 일어났다. 이순신은 진인에게 명나라 병사들의 그릇된 행동을 강하게 항의했으나 소용없는 일이었다.

어느 날 이순신은 통제영 안에 있는 병사들에게 명령을 내려 막사를 모두 걷게 하고 자신의 이부자리와 물건들도 모두 배에 싣도록 했다. 조선 수군들의 움직임을 이상하게 여긴 진인이 이순신에게 군관을 보내 그 까닭을 물었다. 이순신은 진인이 보낸 군관에게 말했다.

"우리 병사와 백성들은 명나라 장수가 온다는 말을 듣고 모두 부모를 바라보듯 했는데, 이제 귀국 병사들이 행패와 약탈을 일삼으니 백

성들이 견딜 수 없어 멀리 떠나려 한다. 그래서 나도 대장으로서 혼자만 이곳에 남아 있을 수 없기 때문에 같이 배를 타고 다른 곳으로 옮기려 한다고 여쭈어라."

이 말을 전해 들은 진인은 곧 달려와 이순신의 손을 잡고 말렸다.

"이 무슨 섭섭한 일입니까? 우리가 한 일이 마음에 들지 않으면 무엇이든 말해 보시오."

"명나라 병사들이 우리를 속국의 관리로 알고 함부로 대하고 있습니다. 이것을 막을 권한을 저에게 주십시오."

"그렇게 합시다."

진인이 이순신의 제의를 받아들였다. 이때부터 명나라 병사가 규율에 어긋나는 짓을 하면 이순신도 처벌할 수 있는 권한이 생겼다. 백성들과 조선 수군들이 마음 놓고 살 수 있게 된 것이다.

진인은 고금도에 머무르면서 싸움을 할 때는 이순신의 탁월한 전략 전술과 지도력에 감탄했으며, 진영에서 생활할 때는 강직하고 절도 있는 그의 인격에 감명을 받았다. 그는 이순신을 늘 "이야(李爺)"라는 존칭을 사용해 불렀으며, "그대는 작은 나라에서 살 사람이 아니오"라고 말하며 중국에 들어가 벼슬을 할 것을 몇 번이나 권했다. 명나라 황제도 이순신의 이름을 듣고 '도독인(都督印)'을 비롯한 여덟 가지 기념품을 내려 보냈다.

도요토미 히데요시의 죽음

무술년(1598년) 8월에 임진왜란을 일으킨 원흉인 도요토미 히데요시가 63세로 숨을 거두었다. 이 소식이 전해지자 조선에 주둔하고 있던 왜군들이 비밀리에 일본으로 돌아갈 준비를 하기 시작했다. 이순신은 도요토미가 죽었다는 사실을 알지 못했으나, 왜군들이 철수하려 한다는 것은 여러 정보를 통해 미루어 짐작하고 있었다. 바다 건너 남의 나라 땅에 들어와 오랜 시간 전쟁을 하며 지쳐 버린 왜군들은 하루속히 돌아가려는 마음뿐이었지만, 이순신은 죄 없는 조선 백성들이 흘린 피를 결코 헛되이 할 수 없다는 생각에 '한 척의 배도 그대로 돌려보내지 않는다'는 결의를 다지고 있었다.

마침내 이순신과 진인의 연합함대가 왜군을 치기 위해 9월 15일 고금도를 떠났다. 그들의 목표는 순천 해안에 진을 치고 있는 고니시 유키나가의 군대였다. 명나라의 육군 제독인 유정과 연합하여 바다와 육지의 두 방향에서 공격할 작전을 세웠다. 나로도, 방답, 여수를 지나 고니시가 진을 치고 있는 왜성 앞바다에 이르렀으나, 그곳은 물 깊이가 얕은 데다 왜선 5백여 척은 포구 깊숙이 숨어 있었다. 그리고 배가 드나드는 물길에는 말뚝을 박아 놓았기 때문에 연합수군이 포구 안에 있는 왜선을 공격하기가 매우 어려웠다. 조·명 연합수군은 밀물 시간 때만 배를 띄울 수 있는 어려운 상황에서도 포구를 드나들며 공격을 했으나 어찌된 일인지 연합작전을 하기로 약속한 육지의 유정은 나타나지 않았다. 이순신은 분한 마음을 억누를 수 없었으나 왜선 11척을 나포하고 30여 척을 깨뜨린 성과를 가지고 고금도로 돌아갈 수밖에 없었다.

11월 8일에 이순신은 육군으로부터 "순천의 적들이 철수하려 하니 돌아가는 적의 길을 끊어 막아라"는 통지를 받았다. 조·명 연합함대는 다시 고금도를 떠나 순천 앞바다에 이르렀다. 이곳에서 이순신은 노루섬에 있던 왜선 10여 척을 공격해서 물리친 다음, 왜군들이 군량을 쌓아 두고 있던 노루섬을 빼앗아 진을 쳤다. 왜성에서 나오는 뱃길을 완전히 막아 버린 셈이어서, 성 안에 갇힌 왜군들은 이순신과 싸우지 않고서는 바다로 나올 수가 없게 되었다.

왜성 안에 갇혀 꼼짝 못하는 신세가 된 고니시는 유정에게 뇌물을 보내어 일본으로 돌아갈 길을 열어 주길 청했다. 황금과 말, 총 따위에 눈이 먼 유정은 진인에게 사람을 보내어 뇌물을 주며 설득했다.

"왜군이 평화를 원하고 있으니, 이제 그만 싸우고 제 나라로 돌려보내는 게 어떻겠습니까?"

뿐만 아니라 고니시 또한 진인에게 사람을 보내 뇌물을 바치며 돌아갈 길을 열어 달라고 간청했다. 뇌물을 받은 진인은 이순신을 찾아가 말했다.

"도요토미도 죽었고 왜장 고니시도 평화를 원하니, 이 기회에 조선 수군도 일본과 강화를 맺는 게 어떻소?"

이순신은 불같이 화를 내며 대답했다.

"대장으로서 어찌 강화를 입에 담을 수 있습니까? 이 원수들을 놓아 보낼 수는 없습니다."

이순신의 단호한 거절에 진인은 할 말이 없었다. 상황이 이렇게 돌아가자 고니시는 이순신에게까지 뇌물을 보내 강화를 요청했으나, 이순신은 그가 보낸 사람에게 호통을 쳐서 돌려보냈다.

결국 고니시의 탈출 계획은 이순신의 강경한 태도 때문에 수포로 돌아갔다. 그러나 그는 또다시 많은 뇌물을 진인에게 보내면서 통신선 한 척만이라도 내보내 줄 것을 간청했다. 진인은 깊이 생각지도 않은 채 "별로 어려운 일도 아니다" 하여 곧 허락을 내렸다. 그러나 이것은 남해안에 흩어져 있는 왜선들을 모두 집결시켜 노루섬을 가로막고 있는 조·명 연합군을 뒤에서 공격하려는 계략이었다.

노량 해전

왜군의 통신선이 탈출했다는 사실을 뒤늦게 알게 된 이순신은 즉시 부하 장수들을 불러 새로운 작전을 논의했다. 그 자리에서 이순신은 순천 왜성을 공격하려는 수륙 협공작전을 포기하기로 결정했다.

"적이 빠져나갔으니 반드시 구원을 청하러 간 것이다. 모든 적이 수일 내로 몰려올 테니, 만약 우리가 이곳에 머물러 있다가는 앞뒤로 공격을 받아 전멸하고 말 것이다. 그러므로 적이 오는 길목으로 나가 싸우다 죽는 것이 길이다."

여러 장수들과 이순신은 노량 앞바다에서 먼저 왜군을 물리칠 계획을 세우고 이것을 진인에게도 알려 주었다. 그제야 진인은 자신의 실수를 뉘우치면서 이순신의 계획을 따르기로 약속했다.

11월 17일 저녁에 왜성에 있는 고니시의 진영에서 횃불이 올라갔다. 그러자 남해도와 근처 섬에 흩어져 있던 왜군의 진영에서도 횃불이 올랐다. 진인에게 허락을 받고 빠져나간 왜선이 서로 통신을 하면서 신호의 횃불을 올린 것이다. 다음 날 오후에 왜선의 함대가 노량에 모여들기 시작했다. 이순신의 함대는 그날 밤 밝은 달빛 아래 순천의 노루섬을 떠나 노량으로 향했다. 진인도 명나라 수군을 거느리고 그 뒤를 따랐다. 밤 열두 시가 지날 무렵, 이순신은 갑판에 올라 손을 씻고 무릎을 꿇었다. 그리고 향불을 피워 두 손 모아 하늘에 빌었다.

"이 원수만 무찌를 수 있다면 죽어도 한이 없사오니 도와주옵소서."

이제껏 그가 가슴속에 간직하고 있던 몸을 바쳐 나라를 구하겠다는 염원을 다시 한 번 간절히 다짐하는 기도였다. 이순신의 눈에는 눈물이 고이며, 배 위에서 객사하신 어머니와 왜군의 손에 죽은 아들 면의 얼굴이 맴돌았다. 부모를 잃고 왜군의 포로가 되어 왜선의 배 밑창에 갇혀 있던 어린 소녀의 모습과 집과 고향을 떠나 헐벗고 굶주리던 피난민들의 행렬도 눈앞에 떠올랐다.

이윽고 새벽 두 시경, 조·명 연합함대는 노량에 이르렀다. 여기서 이순신은 함대를 둘로 나누어 양쪽에서 공격할 계획을 세운 후, 북소리와 포성을 울리며 일제히 공격을 개시했다. 고요한 밤에 기습 공격을 당한 왜선들은 잠깐 흩어지는가 싶더니 조총을 쏘면서 결사적으로 대응하기 시작했다. 조선 수군들은 왜선에 가까이 다가가 불붙은 나무를 마구 던지며 적의 배들에 불을 질렀다. 날이 새기 시작하면서 왜군은 더 이상 견뎌 내지 못하고 관음포 안으로 들어갔으나, 그곳은 육지로 막혀 있어 도망갈 길이 없는 곳이었다. 왜군은 독 안에 든 쥐의 꼴이 되어 격렬히 저항하기 시작했다.

함대의 맨 앞에서 싸움을 지휘하던 이순신이 탄 배가 왜선에게 둘러싸이자, 뒤에 처져 있던 진인의 배가 다가와 구출해 주었다. 다시 왜군이 진인이 탄 배를 포위하자 이번에는 이순신이 돌진하여 구해 주었다. 이순신과 진인은 다시 힘을 합쳐 포를 쏘고 화기를 던지며 맹렬한 공격을 퍼부었다. 죽음을 각오하고 달려드는 조선 수군의 기세에 왜선은 차츰 흩어졌다. 불타고 부서진 왜선만 벌써 2백 척이 넘어가고 있었다. 이순신은 북채를 쥐고 병사들을 격려하면서 도망가는 왜선의 뒤를 맹렬히 추격했다. 왜군의 최후가 바로 눈앞에 다가온 듯했다. 노량 바다에는 서서히 어둠이 걷히고 동쪽 하늘은 붉은 태양으로 물들어 가고 있었다.

바로 그때 어디선가 날아온 왜군의 탄환이 이순신의 왼쪽 겨드랑이를 뚫고 지나갔다. 심장 근처를 관통한 치명상이었다. 옆에 있던 맏아

들 회와 조카 완이 놀라서 그를 부축했다. 피를 흘리면서 갑판에 쓰러진 이순신이 고통을 참으며 말했다.

"싸움이 급하니 방패로 내 앞을 가려라. 내 죽음을 알리지 말라!"

이 한마디를 마지막으로 남기고 이순신은 54세의 나이로 배 위에서 숨을 거두었다. 무술년(1598년) 11월 19일 이른 새벽의 일이다. 나라를 구하기 위해 평생을 바쳤던 조선 수군의 총사령관다운 죽음이었다.

이순신이 눈을 감자 그의 아들과 조카는 울음을 참으며 북을 치고 깃발을 휘둘렀다. 그날의 싸움은 정오까지 계속되었으며, 승리는 조·명 연합군의 것이었다. 관음포에 갇혀 있던 왜군은 필사적으로 부산포 쪽으로 달아났고, 순천의 왜성에 갇혀 있던 고니시도 싸움을 틈타 남해도 서남쪽 바다를 돌아 줄행랑을 쳤다. 이 싸움에서 왜선은 250척이 침몰했으며, 왜군 병사들의 시체가 바다를 뒤덮었다. 이윽고 진인이 승전고를 울리며 이순신이 탄 배 가까이 다가왔다.

"통제공, 어서 나오시오."

그가 이순신을 부르자 그제야 이순신의 조카 완이 울면서 대답했다.

"숙부님은 돌아가셨습니다."

이 말을 들은 진인은 깜짝 놀라 배 위에서 세 번이나 넘어졌으며, 가슴을 치며 통곡했다. 이 소식이 전해지자 조·명 수군 전체가 통곡하니, 그 울음소리가 바다를 뒤흔들었다.

이순신의 유해는 고금도 본영을 거쳐 아산으로 향했다. 지나가는 길목의 백성들은 모두 거리에 나와 통곡하며 슬퍼했고, 선비들은 술을 차리고 글을 지어 그의 죽음을 애통해했다. 스님들도 곳곳에서 명복을 비는 재를 올렸으며, 소복을 입고 고기를 먹지 않는 사람들도 많았다.

　조정에서는 예관을 보내어 음식을 차리고 예를 갖추어 나라를 위해 목숨을 바친 이순신을 기리는 의식을 행했다. 의정부 우의정의 직함을 내렸으며, 6년 뒤에는 좌의정으로 추대했다. 아울러 덕풍부원군에 봉하고 선무 1등 공신으로 책정했다. 후에 인조는 이순신에게 '충무공'의 시호를 내렸다.

지은이 주

1) 고려시대의 벼슬로 정오품의 무관직

2) 조선시대 사헌부에 속한 정사품 관직. 비위를 저지른 관리를 탄핵, 감찰하거나 왕의 뜻을 받아 집행하는 등 권한과 임무가 컸다.

3) 조선시대 문무관의 인사업무를 담당하던 관직

4) 조선시대 문무관의 인사업무를 담당하던 관직

5) 지금의 전남 고흥군 도화면 내발리

6) 왕명으로 지방에 파견된 벼슬아치가 글로 써서 올리던 보고서

7) 화살을 담는 긴 통

8) 한성 주위의 산을 나누어 맡아 성첩, 수목 등을 보호하던 군직

9) 한 고을을 방어하는 임무를 띠었던 군직

10) 일본으로 보내던 사신

11) 홍문관과 그 전신이었던 집현전에 두었던 정삼품 당상관직

12) 지금의 여천군 돌산도

13) 군령을 전달하며 군사를 지휘하고 훈련시키는 일을 하는 자리.
절도사 부재시에 그 임무를 대행했다.

14) 임시 직원

15) 조선시대 각 진영에 속하였던 무관직. 절도사 아래이며 병마첨
절제사와 수군첨절제사가 있다.

16) 군무를 총괄하기 위해 중앙에서 파견하던 왕의 특사

17) 군무를 띠고 변경을 준검하던 특사. 군국에 관련되는 중요한 직
책으로 주로 중신이 선택되었다.

18) 조선시대에 전쟁이 일어나면 임명하던 임시 군직의 하나이다.

19) 1치는 약 3.03센티미터이다.

20) 충무공 이순신과 동명이인으로 시호는 '무의'이다. 충무공의 부
하 장수로 옥포, 노량 등의 전투에서 전공을 세웠다.

21) 팻말에 쓰인 글

22) 중추부의 종일품 관직으로 판부사라고도 한다.

23) 조선시대 의금부에 속한 도사(都事)

이순신 연보

1545년 4월 28일 서울 건천동에서 태어남. 본관은 덕수.

1566년 무예를 배우기 시작함.

1567년 맏아들 회가 태어남.

1571년 둘째 아들 열이 태어남.

1573년 28세에 훈련원 별과 시험에 응시했으나 말을 타고 달리다
가 떨어져 낙방함.

1576년 무과에 급제. 함경도 동구비보의 권관이 됨.

1577년 셋째 아들 면이 태어남.

1579년 2월 훈련원 봉사가 됨.

10월 충청 병사의 군관이 됨.

1580년 발포의 수군 만호가 됨.

1582년 1월 군기 경차관 서익의 거짓 보고로 파직됨.

5월 복직되어 훈련원 봉사가 됨.

1583년 7월 함남 병사의 군관이 됨.

10월 건원보의 군관이 됨.

11월 훈련원 참군으로 승진함.

1584년 부친상을 당함.

1586년 1월 사복시 주부가 됨.

다시 함경도 조산보 만호로 전근.

1587년 녹둔도 둔전관을 겸함. 여진족의 기습을 물리쳤으나 이일
의 무고로 파직됨. 첫 번째 백의종군을 함.

1589년 2월 전라 순찰사의 군관이 됨.

12월 정읍 현감이 됨.

1591년 2월 전라 좌수사로 임명됨.

1592년 4월 13일 임진왜란이 일어남.

5월 옥포 및 함포, 적진포 해전에서 왜선 40여 척을 격파.

6월 사천, 당포, 율포 해전에서 왜선 70여 척을 격파. 왼편
어깨에 관통상 입음.

7월 견내량 해전에서 왜선 60여 척 격파.

9월 부산 해전에서 왜선 130여 척 격파.

1593년 7월 전라 좌수영 본영을 여수에서 한산도로 옮김.

8월 삼도수군통제사로 임명됨.

1597년 3월 역모죄로 투옥됨.

4월 투옥된 지 28일 만에 특별 사면되어 백의종군의 길에
오름.

7월 삼도수군통제사로 재임명됨.

9월 명량 해전에서 왜선 31척 격파.

10월 고하도로 수군 진영을 옮김.

1598년 2월 고금도로 수군 진영을 옮김.

7월 명나라 수군(도독 진인)과 연합함.

11월 19일 노량 해전에서 총환에 맞아 전사함.

글 뒤에

　이순신이라는 이름을 들으면 가장 먼저 떠오르는 것이 광화문 네거리에서 큰 칼을 허리에 차고 우뚝 서 있는 동상의 모습입니다. 저뿐만 아니라 대한민국 국민이라면 대부분 그럴 것이라고 믿습니다. 초등학교에 입학하면서부터 우리는 민족의 영웅이면서 신화와 같은 존재인 이순신 장군에 대해, 그리고 이순신 장군을 이야기하면 반드시 따라 나오는 거북선에 대해 귀에 못이 박히도록 많은 이야기와 찬사를 들었습니다. 저 또한 그런 과정을 밟았으므로, 나름대로는 이순신 장군에 대해 잘 알고 있다고 생각했습니다.

　그러나 우연치 않게 이순신 장군의 평전을 쓸 기회를 얻게 되어 여러 자료들을 접하게 되면서, 저는 의외로 이순신 장군에 대해 잘 알려지지 않은 모습들이 많다는 사실을 깨닫게 되었습니다. 여러 가지로 불리한 상황에서 왜군의 대함대와 싸워 단 한 번도 패한 일이 없는 전설적인 영웅은, 사실은 별과 시험에서 한 번 낙방한 경력에, 늦은 나이로 관직에 나가서도 출세의 길이 더뎠던 인물이었습니다. 18년 동안 이름 없는 장수로 변방을 떠돌면서 올곧은 성품 탓에 상관과의 마찰도 많았으며, 조산보 만호와 녹둔도 둔전관을 겸임했을 때는 패전의 책임을 지고 백의종군하기도 했습니다. 전라 좌수사로 임명되고 임진왜란을 겪으면서, 늘 나라와 백성 그리고 가족들에 대한 근심을 놓지 못했고, 또 전투를 앞두고 불안함을 떨치지 못하는 인간적인 모습들을 보여 주었습니다. 뿐만 아니라 임무를 소홀히 하거나 탈영한 병사들에게 엄한 형벌을 내리거나 포로로 잡힌 왜군을 심문하다가 분노하여 그 자리에서 목을 내리쳐 처형하는 냉혹한 면을 보이기도 했습니다. 우리가 영웅이라고 부르는 이순신 장군은 이 세상을 살아가는 평범한 이들과 마찬가지로 근심과 분노와 슬픔을 느끼는 보통 사람이었습니다.

하지만 그런 모습들을 발견하면서 저는 이순신 장군에게 새롭게 존경의 마음을 갖기도 했습니다. 이순신 장군은 온갖 고난과 역경 그리고 인간적인 약점 속에서도 삶의 기본적인 중심과 원칙을 잃어버리지 않으려 애썼습니다. 그렇기 때문에 불리한 조건 속에서도 죽음을 두려워 않고 적에 맞서 싸울 수 있었고, 자신을 미워하며 죄를 뒤집어씌우는 임금에게 충성을 맹세할 수도 있었으리라 생각합니다. 저는 사람이 가장 견디기 힘든 것 중 하나는 억울한 누명을 쓰는 일이라고 생각합니다. 하물며 목숨을 내걸고 수없이 많은 전투를 이끈 장수에게 역모의 누명이란 뭐라 말할 수 없을 정도의 고통이었을 것입니다. 그러한 고통과 수모를 겪은 후에 다시 칼을 들고 왜군과 싸운 이순신 장군의 의연함에는 고개를 숙이지 않을 수 없었습니다.

저는 청소년 여러분들이 이순신 장군의 《난중일기》를 한 번 정도 정독하기를 권합니다. 그래서 전설적인 영웅이라는 인물에게도 인간적인 괴로움과 약점이 있었음을 이해하게 되기를 바랍니다. 지금 저는 이순신 장군의 진정한 모습을 제대로 그려 내지 못한 능력의 모자람을 탓하고 있습니다. 더 많은 자료를 찾아 참고로 하지 못한 게으름도 사과드리고 싶습니다. 아무쪼록 미흡한 글이나마 청소년 여러분에게 조그만 도움이라도 되기를 바랄 뿐입니다.

청소년 평전을 펴내며

네덜란드를 대표하는 화가 렘브란트는 다른 화가들과 달리 유독 자신의 자화상을 많이 그린 것으로 유명합니다. 패기 있고 오만하던 젊은 시절의 활기찬 모습부터 보잘것없고 실패한 노년의 추잡한 모습까지 그는 자신의 모습을 정직하게 그렸습니다. 여느 다른 화가였다면 아름답게 치장했을 자신의 모습을 아무 여과 없이 담담하게 그린 렘브란트의 그림은 바로 그런 이유 때문에 보는 사람들의 마음을 사로잡는지도 모릅니다. 한 사람의 생애를, 그것도 자신의 분야에서 족적을 남긴 사람의 진솔한 생애를 감상한다는 것만큼 감동적인 일도 드물 것입니다. 한 사람에 대한 평전이 소설이나 시보다 독자의 가슴을 더 뭉클

하게 만드는 이유도 여기에 있을 것입니다.

그런데 그 위인전들을 보면 그것들은 하나같이 틀에 박힌 위인의 전형들만을 보여 주고 있습니다. 때때로 그런 위인전을 보고 있노라면 오히려 위인들은 우리 같은 평범한 인간이 아니라는 생각이 들어서 괴리감마저 느끼게 됩니다. 나름대로 위인들의 삶에 자신의 삶을 비추어 보려는 반성을 하게 되면서도 한편으로는 마음속 깊이 거부감이 드는 것을 막을 수 없었던 것도 이런 이유들 때문이었을 것입니다.

평전이 소설과는 다른 감동을 주는 것은 실존했던 한 사람의 이야기이기 때문입니다. 그래서 평전의 감동을 살릴 수 있는 가장 평전다운 평전은 독자에게 교훈을 줘야 한다는 강박관념 때문에 억지로 꾸며 댄 이야기가 아닌 그 사람의 진솔한 모습을 보여 주는 평전입니다. '청소년 평전'은 바로 평전다운 평전을 청소년 여러분들에게 선사하는 것이 목적입니다. 판에 박힌 위인이라는 틀을 제시하는 것은 이제 청소년들의 사고에 전혀 도움을 주지 못합니다. 오히려 때로는 위험스러워 보이는 일탈 행위도 서슴지 않았던 그런 사람들의 진지한 고민은 무엇이었으며, 그러한 고민이 어떤 방식으로 승화되어 한 분야에 위대한 업적을 낳게 되었는지를 보여 주는 것이야말로 훌륭한 평전의 조건일 것입니다.

그래서 '청소년 평전' 총서의 기획 목록에는 기존의 위대한 정치가, 노벨상 수상자들의 이름도 들어 있지만 약물 중독자, 전범자 등의 이름도 들어 있습니다. 우리나라에서 한때 위인전은 정치적인 의도로 만들어지기도 했습니다. 가령 1970년대에는 막사이사이, 장제스, 드골과 같은 독재 정치가들이 위인의 전형으로 미화되기도 하였습니다. 이런 평전들이 당시 어린이들과 청소년들의 사고에 어떤 영향을 미쳤을지는 뻔합니다. 물론 지금 이런 인물들에 대한 평전이 전혀 불필요한 것만은 아닙니다. 하지만 우리가 이런 인물들을 다룬다면 다른 모습으로 그들의 인간적인 욕망과 고뇌, 당시의 상황, 그리고 잘못된 정치적 판단을 적나라하게 보여 주는 평전을 만들 것입니다.

우리와 동떨어진, 말 그대로 위인을 보고 자신의 삶을 반추하는 것은 이제 시대에 뒤떨어진 발상입니다. 나와 똑같은 인간적인 갈등과 세속적 욕망, 벗어날 수 없는 고뇌를 겪으면서 그것을 자신만의 독특한 방식으로 승화하는 다른 사람들의 삶을 읽어 가는 간접적인 체험 속에서 인물과 독자의 삶이 교차할 수 있을 것입니다. '청소년 평전'은 여러분들에게 미리 계획되고 준비된 교훈을 주려 하지 않습니다. 여러분 자신이 직접 진솔한 삶 속으로 들어가서 그들의 치열한 삶을 여행하고 나오기를 바랄 뿐입니다. 이 여행으로부터 무엇을 얻는가는 전적으로 청소년 독자 여러분들의 몫일 것입니다.

한 사람의 생애를, 그것도 자신의 분야에서 족적을 남긴 사람의 진솔한 생애를 감상하는 것만큼 감동적인 일도 드물 것입니다. 그런데 그 위인전들을 보면 오히려 위인들은 우리 같은 평범한 인간이 아니라는 생각이 들어서 괴리감마저 느끼게 됩니다. 나와 똑같은 인간적인 갈등과 세속적 욕망, 벗어날 수 없는 고뇌를 겪으면서 그것을 자신만의 독특한 방식으로 승화하는 다른 사람들의 삶을 읽어가는 간접적인 체험 속에서 인물과 독자의 삶이 교차할 수 있을 것입니다. '청소년 평전'은 여러분들에게 미리 계획되고 준비된 교훈이 아니라 여러분 자신이 직접 그들의 진솔하고 치열한 삶을 여행하고 나오기를 바라는 마음에서 기획되고 만들어진 책입니다.

랭의 의상실 '생트 마리'에서 점원으로 일하면서 패션 디자이너로의 인연을 시작한다. 화려하고 몸을 옭아매는 당시의 패션 스타일을 과감하게 단순화하고 몸을 자유롭게 해방해주는 옷감을 사용한 샤넬의 패션 스타일은 전쟁 등의 상황과 맞물려 전 세계적으로 유행한다.

05 아름다운 혁명가
체 게바라 Che Guevara
박영욱 지음 | 168쪽 | 값 7,500원

인류의 가슴에서 다시 피어난 영원한 혁명가

"나는 의사인가, 아니면 전사인가?"
그는 혁명전사의 길을 택했다. 혁명, 그것은 그의 삶이었고 죽음이었으며 이상인 동시에 현실이었다. 불순물이 섞이지 않은 순수한 열정의 불꽃. 체 게바라는 그 불꽃을 피우기 위해 자신마저 불태웠다.
그가 아름다운 이유는 그의 사상 때문도 아니고, 업적 때문도 아니며, 그가 전사였기 때문은 더더욱 아니다. 무섭도록 진지한 삶과 인간의 뜨거운 맥박을 외치는, 잃어버린 청년의 아름다움 때문이다.

06 아프리카의 성자
슈바이처 Albert Schweitzer
황영옥 지음 | 216쪽 | 값 7,500원

인류애의 등불을 밝힌 원시림의 성자

목사, 철학자, 파이프오르간 연주자로서의 명성을 저버리고 오로지 인류에 대한 실천적 사랑만으로 아프리카로 향하는 배에 올랐던 슈바이처. 낙관적인 희망만이 인류를 구할 수 있다는 자신의 소박한 믿음 하나로 아프리카에서 묵묵히 사랑을 실천해갔던 그의 일생 속에는 작은 사랑이 모여 크나큰 사랑으로 피어나는 감동이 녹아 흐른다.

07 검은 혁명가
말콤 엑스 Malcolm X
김도언 지음 | 172쪽 | 값 7,500원

인류 평등을 향한 저항정신의 상징

말콤 X, 그에게 폭력이나 투쟁은 목적을 성취하기 위한 수단이 아니라 생존을 위한 몸부림이었다. 박해받는 인종으로 태어나 밑바닥 인생을 전전하던 한 흑인 소년이 'X'로 다시 태어나 인류의 희망과 자존과 용기의 상징으로 거듭나는 모습 속에는 치열한 삶의 미학이 담겨 있다.

08 과학의 전도사
리처드 파인만 Richard P. Feynman
태기수 지음 | 200쪽 | 값 7,500원

너무나 인간적인 물리학자

20세기 가장 정교한 이론을 완성하고 노벨물리학상을 수상한 리처드 파인만. 그러나 그는 학문적 성과 이상의 것으로 대중을 사로잡았다. 솔직함과 편견을 배제한 농담, 일상에서도 잃지 않은 지적 호기심과 열정……. 과학자라는 사실보다 파인만을 더 파인만답게 한 것들이 우리를 다시 한 번 깨우쳐 준다.

09 꿈꾸는 건축가
안토니 가우디 Antonio Gaudi Cornet
김나정 지음 | 216쪽 | 값 7,500원

신과 인간 사이에 선 건축가

19세기의 천재적인 건축가 안토니 가우디, 그에게 건축은 평생을 독신으로 살며 자신의 혼을 바친 모든 것이었다. 보수꼴통 괴짜 건축가로 낙인찍혔지만 살아 있는 모든 이를 위한 '성가족 대성당'을 시공했던 가우디는 누구도 상상하지 못한 건물을 현실에 세운 마법사였다.